**WISSEN** *leicht gemacht*

# MYTHOLOGIE

## DER ANTIKE

Annerose Sieck

Compact Verlag

Text: Annerose Sieck
Chefredaktion: Evelyn Boos
Redaktion: Simone Steger
Produktion: Wolfram Friedrich
Abbildungen: Lidman Production, Stockholm;
Gruppo Editoriale Fabbri, Mailand
Titelabbildungen: Lidman Production, Stockholm;
Gruppo Editoriale Fabbri, Mailand
Gestaltung: Axel Ganguin
Umschlaggestaltung: Hartmut Baier

ISBN 3-8174-5585-2
5455853

Besuchen Sie uns im Internet: www.compactverlag.de

## Griechische Mythologie

## Römische Mythologie 55

## Germanische Mythologie 93



## Register 123

# Griechische Mythologie

Es liegt in der Natur des Menschen, für fremdartige Phänomene, die der Verstand nicht einordnen will, zumindest eine gefühlsmäßige Erklärung zu finden. Nicht anders erging es der frühgriechischen Bevölkerung. Sie ersann Mythen – Geschichten also, die Zweifel und Unklarheiten beseitigen, Dinge wie Naturerscheinungen verständlich machen und damit praktische Hilfen für den Alltag an die Hand geben können.

*Parthenon, Athen*

## Das Werk der Götter

Im Unterschied zu Christen, Moslems und Juden verlassen sich die Bewohner des antiken Griechenland nicht nur auf den einen Gott. Überall sehen sie Götter und Geister am Werk. Ein Gewitter wird den Gottheiten ebenso zugeschrieben wie eine reiche Ernte oder unverhofftes Glück in der Liebe. Eine Vielzahl von Himmelswesen, die in ihrer Gesamtheit eine große Familie bilden, bestimmt ihr Weltbild: **menschenähnliche Gottgestalten**, keine unwirklichen Überwesen, die sich nur einigen Auserwählten offenbaren. Um ihr Wesen und Wirken ranken sich zahlreiche Sagen und Legenden, die anfangs mündlich weitergegeben, später in den Werken der Schriftsteller dankbar aufgenommen und in lebhafter Sprache der Nachwelt überliefert werden.

## Archaische Ursprünge

Bis in das Jahr 2000 v. Chr. reichen die mythischen Überlieferungen und deren Kultur zurück. Ihren Ursprung finden sie in der Verschmelzung der Glaubensvorstellungen der ansässigen vorgriechischen Bevölkerung, die aus dem kleinasiatischen Raum stammt, und den aus dem Norden vordrängenden indoeuropäischen Griechen.

### Die minoische Kultur

Bevor um etwa 1600 v. Chr. die Achäer in Griechenland eindringen und den Nährboden für die

## Griechische Mythen

Bis etwa 650 v. Chr. entstehen drei klassische Mythensammlungen: die *Ilias* und die *Odyssee* des berühmten Homer (Ende des 8. Jh.v. Chr.) sowie die *Theogonie* des Dichters Hesiod (geb. um 700 v. Chr.).

*Szene aus der Odyssee*

*Homer, Skulptur*

homerische öffentliche Religion legen, bestimmt seit 2600 v. Chr. eine stark mutterrechtlich orientierte Kultur den ägaischen Raum. Mittelpunkt der minoischen Kultur (benannt nach dem sagenhaften **König Minos**), die bis etwa 1400 v. Chr. dauerte, ist die Insel Kreta. Ausgrabungen in den Palastanlagen von Knossos, Phaistos, Mallia und Hagia Triada belegen, dass es sich um eine reiche höfische Zivilisation handelte, die wirtschaftliche und kulturelle Beziehungen zu den Völkern Vorderasiens pflegte. Frauen und deren Meinung spielten in dieser friedlichen Welt eine bedeutende Rolle.

In der Vorstellung der Inselbewohner sind alle Dinge beseelt. Diese betont bildhafte Auffassung führt dazu, dass eine Reihe von Erzählungen Gegenstände oder Tiere in Menschengestalt zum Thema haben. Unzählige dieser Sagen gehen später in die klassische griechische Mythologie ein. Heilige Bäume, heilige Tiere wie

## Totenkult

Eine große Rolle spielt auf Kreta der Totenkult. Um die Verstorbenen gnädig zu stimmen, bestattet man die Herrscher in großen Rundbauten (Kuppelgräber) und verwöhnt sie mit überreichen Grabbeigaben wie Waffen, Nahrung, Schmuck und Kleidung, die ihnen den Weg ins Jenseits (Elysion) erleichtern sollen. Über die Toten wacht die minoische Fruchtbarkeitsgöttin, die auch **Große Mutter** genannt wird.

der Stier, dem zu Ehren regelmäßig sportliche Wettkämpfe stattfinden, sowie weibliche Gottheiten werden in Höhlen, auf Bergen und selbst in den Palastanlagen verehrt. Besondere Aufmerksamkeit genießen die minoische **Fruchtbarkeitsgöttin**, meist mit Schlange dargestellt, die Herrin der Tiere, die gern mit dem Löwen geschmückt wird, die eulenäugige **Athene** und die kuhäugige **Hera**.

*Fresko „Fürst der Lilien", Knossos*

## Die mykenische Kultur

Die einwandernden Nordvölker bringen ihre eigenen religiösen Vorstellungen mit, die in starkem Gegensatz zu den minoischen stehen: Die indogermanische Gesittung äußert sich in einer von Männern dominierten Welt. Kulturelle Mittelpunkte der mykenischen Zeit sind die gewaltigen Herrscheranlagen in Tyrens, Mykene und Orchomenos. Der Saal im Innern der wehrhaften Burgen, das **Megaron**, ist Versammlungsort der kriegerisch eingestellten Männer. Wenn auch einige Glaubensvorstellungen aus Kreta übernommen werden, etwa die Verehrung der Erd- und Fruchtbarkeitsgöttinnen und der **Baumkult**, so unterscheidet sich die mykenische (benannt nach der Stadt Mykene südlich von Korinth) doch ganz wesentlich von der vorgriechischen Religion.

**Zeus** – die griechische Form des höchsten indogermanischen Himmelsgottes – bestimmt die patriarchalisch mykenische Gesellschaftsordnung der Festlandsgriechen auf dem nördlichen Peloponnes. An die Seite gestellt ist ihm **Athene**: Die ehemalige Schlangenkönigin Kretas entwickelt sich zur Palastgöttin Mykenes und zur persönlichen Schutzpatronin des Königs. Auch die minoische Vegetationsgöttin **Hera** lebt in der Glaubenswelt der Mykener als Palastgöttin in Tyrens weiter. Beide büßen damit allerdings ihren Charakter als Fruchtbarkeitsgöttinnen ein. Die Mykener erben gewissermaßen

*Zeus während eines Bankettes im Olymp, bemalte Tasse*

## Stadtgötter

Bis etwa 800 v. Chr., dem Ende des so genannten dunklen Zeitalters, gibt es in Griechenland keine einheitlichen Glaubensvorstellungen. Jede Stadt hat ihr eigenes **Pantheon** (Gruppe der wichtigsten lokalen Götter) und zelebriert unterschiedliche Riten und Feste. Neben den rein minoischen Fruchtbarkeits- und Totengöttinnen, die im alten Volksglauben auch nach 800 v. Chr. verehrt werden, existieren Kulte, die in eigentümlicher Weise vorgriechisches und griechisches Denken vermischen.

die kretische Seeherrschaft und unterhalten Handelskontakte mit Sizilien, Süditalien, Zypern, Kleinasien, Syrien, Palästina und Ägypten. Um 1200 v. Chr. werden die mykenischen Burgen allerdings geplündert und niedergebrannt. Die Kultur verschwindet mit der einsetzenden Dorischen Wanderung.

## Die homerischen Mythen

Eine einheitliche (homerische) Religion formt sich erst mit der Entstehung der griechischen Stadtstaaten (Poleis). In seinen Epen systematisiert der Schriftsteller **Homer** die griechische Götterwelt, indem er isolierte Mythen verbindet und neue erdichtet. Erst mit dieser Verknüpfung ist die Göttersage voll entwickelt: Die Götter behaupten ihren Platz als unsterbliche Menschen, die in einem hierarchisch organisierten Götterstaat (**Olymp**) leben. Die durch Homer verbreitete, von Männern dominierte Adelsreligion ist ein Spiegelbild der hierarchisch gegliederten Gesellschaft.

Auch wenn sich das homerische Zwölfgöttersystem im griechischen Kulturraum mehr und mehr durchsetzt, bleibt seine Akzeptanz beim einfachen Bauern und Landbewohner eher gering. Hier huldigt man weiterhin den lokalen Gottheiten und erweckt verschüttete Glaubensvorstellungen in verschiedenen Mysterienkulten zu neuem Leben.

## Schon gewusst?

Im Widerspruch zum homerischen Epos stellt der um 700 v. Chr. geborene Schriftsteller **Hesiod** die Götter in seiner *Theogonie* nicht als lebenslustige, freundliche Olympier dar, sondern als universale, über die Menschen herrschende Mächte. Hesiod versucht erstmals den Ursprung von Göttern und Menschen zu erklären.

# Grundzüge der griechischen Religion

Die griechische Religion stellt zu keiner Zeit ein geschlossenes System dar. Beeinflussungen, Überlagerungen und Integration unterschiedlicher religiöser Kulte und Glaubensvorstellungen kennzeichnen die Glaubensvorstellungen von der archaischen Zeit bis in die Spätantike. Die Werke Homers und die darin enthaltenen Mythen verbreiten sich rasch und sind praktisch im ganzen griechischen Raum bekannt.

## Zwölfgöttersystem

Die für die Griechen einflussreichsten Götter werden nach ihrem Wohnsitz, dem Berg **Olymp** in Thessalien, auch als olympische Götter oder ganz einfach **Olympier** bezeichnet. Der Sage nach besteht das Tor zum Olymp aus gewaltigen Wolkenmassen. Bewacht wird es von den Jahreszeiten-Göttinnen, den **Horen**. Sie verabschieden und begrüßen die Götter vor und nach einer Reise auf die Erde. Ein Sterblicher jedoch kann niemals den Götterstaat betreten. Zu den zwölf Hauptgöttern wird manchmal auch **Hermes** gerechnet. Sie haben klar umrissene Machtbereiche und Zuständigkeiten.

## Bedeutung der Götter

Im Leben der Griechen spielen alle **Himmlischen** des Olymp eine wesentliche Rolle, privates und öffentliches Leben hängten einzig und allein von ihrem Wohlwollen ab. Der Glaube, dass Götter nicht nur die Welt regieren, sondern auch die Schicksale der Menschen beeinflussen, ist allgemein verbreitet.

## Beziehung zwischen Göttern und Menschen

Die Himmlischen mischen sich in das Leben der Menschen ein, sie sind reale Wesen, mit denen man in Verbindung treten kann. Nach griechischen Vorstellungen hängt ihre Einmischung nicht davon ab, ob die Handlungen der Menschen gut oder böse sind. Götter können wohlwollend, aber auch grausam sein und Rache üben sowie Leid

*Poseidon, Zeus, Hera, Hades, Athene, Ares, Aphrodite, Hermes, Artemis, Apollon, Hephaistos (von links nach rechts)*

## Die zwölf Hauptgötter

Zeus, Hera, Hephaistos, Athene, Apollon, Artemis, Ares, Aphrodite, Dionysos, Hades, Demeter und Poseidon

*Apollon*

und Katastrophen schicken. Schon allein aus diesem Grund werden sie nicht als Vorbilder oder Sittenrichter anerkannt. Man versucht sie gnädig zu stimmen, ist aber nicht deren Spielball, sondern handelt stets aus freien Stücken.

### Unterschiede zwischen Göttern und Menschen

Die Griechen leben mit ihren Göttern, erkennen ihre besondere Stärke und Macht an, Wundertaten erwarten sie jedoch nicht von ihnen. Der Grund: Die Olympier und andere Götter sind zwar stärker als Menschen, doch auch ihre Macht ist nicht unbegrenzt. Sie haben lediglich den Vorteil, dass sie die Zukunft kennen und schnell von einem zum anderen Ort gelangen.

Nach griechischem Glaube sind beide – Götter und Menschen – Kinder der Erde. Auch wenn die **Himmlischen** ähnlich geartet sind und deshalb in bildender Kunst und Malerei wie Menschen dargestellt werden, existieren doch gewaltige Unterschiede: Die Olympier bleiben im Gegensatz zu den Menschen von Gebrechen, Alter und Tod verschont. Sie besitzen eine unvergängliche Kraft und Schönheit. Vor allem deswegen begegnet man ihnen mit Ehrfurcht und Hochachtung.

### Gut und Böse

Für jedes Anliegen wird ein bestimmter Gott angerufen und für jede Katastrophe oder jeden Glücksfall kann ein Himmlischer verantwortlich gemacht werden. Gute und böse Götter wie im Christentum **Gott** und **Teufel** gibt es im klassischen Griechenland nicht. Jeder der zwölf Olympier kann sowohl gut als auch böse sein. Er trägt beide Wesensmerkmale in sich und ist damit den Menschen sehr ähnlich. Fromm zu sein bedeutet deshalb nicht, einen Gott zu lieben, sondern vor der Gesamtheit der Götter Ehrfurcht zu haben.

### Undogmatische Form

Die griechische Religion verfügt – anders als etwa das Christentum – nicht über **Propheten**, die das Wesen der Götter auslegen und den Menschen nahe bringen. Auch heilige Schriften wie etwa die Bibel gibt es nicht. Riten, Gebete und Verehrungsformen werden mündlich überliefert. Eine privilegierte, zentral organisierte Priesterklasse hat hier ebenso wenig Platz; **Seher** und **Dichter** spielen jedoch eine entscheidende Rolle bei der Verbreitung von Mythen. Seher sind zudem Ratgeber in besonderen Situationen.

### Toleranz

Ein System oder gar eine strenge Hierarchie, wie sie anderen Religionen zugrunde liegt, kennt die griechische Glaubenswelt ebenfalls nicht. Vielmehr zeichnet sie sich durch Toleranz und individuelle Freiheit aus. Ordnungsgedanken, Liturgien oder andere Zwänge sind den Menschen genauso fremd wie Buße und Sünde. Wer einen Olympier anruft, erwartet praktische Hilfe und beichtet keine Sünden oder verspricht Reue. Solches Denken ist den Bewohnern des antiken Griechenland gänzlich unbekannt. Die griechische Religion ist gegenüber anderen Glaubensvorstellungen tolerant. Neue religiöse Entwicklungen werden gern aufgenommen und in bestehende Kulte eingebunden. Ein Entweder-oder-Denken ist den Bewohnern Griechenlands fremd.

### Vernetzung von Religion und Staat

Eine Trennung von Religion, Politik, Wirtschaft, Krieg und Frieden ist in den Polisstaaten wie Athen und Sparta absolut undenkbar. Religiöse Handlungen sind in die Gesellschaft eingebettet, mit allen Lebensbereichen vernetzt und finden deshalb – abgesehen von einem stillen Gebet – in der Öffentlichkeit statt. Individuelle **Götterverehrung** gilt in der Polis bis zum Ende des 5. Jh. v. Chr. eher als unanständig.

**! Diesseitsgedanken**

Die homerische Religion bleibt auf das Leben in der **Gegenwart** gerichtet. Das Hier und Jetzt und damit verbunden ein erfülltes und glückliches Leben ist von Bedeutung, nicht das Jenseits.

### Männersache

Anders als noch in minoischer Zeit dominieren Männer die griechische Religion. Für Frauen, die aufgrund ihrer Fähigkeit, Kinder zu gebären, als unrein gelten, existieren gesonderte Riten und Feste.

## Die zwölf Hauptgötter

Seit dem 8. Jh. v. Chr. setzen sich unter dem Einfluss Homers die Vorstellungen von den großen olympischen Göttern im gesamten griechischen Kulturraum durch. Allerdings weniger bei dem „kleinen Mann" und einfachen Bauern, der weiterhin vor allem seinen lokalen Gottheiten huldigt.

Kein Wunder, denn die Hauptgötter Homers, deren Anfänge bis in die mykenische Zeit zurückreichen, sind in erster Linie Götter des Adels. Sie wohnen in glänzenden Palästen auf dem Olymp. Ihre Anbetung erfolgt nicht mehr an heiligen Orten in der Natur, etwa in Höhlen oder an Bächen, sondern an von Menschenhand geschaffenen Kultstätten wie dem **Zeustempel** und **Heraion** in

*Parthenon, Athen*

*Apollonheiligtum in Delphi*

Olympia, dem **Parthenon** in Athen und dem **Apollonheiligtum** in Delphi.

## Zeus – Herr über Götter und Menschen

Der höchste Gott der Griechen thront – unerreichbar für die Menschen – in seinem Palast auf dem Berg Olymp. **Zeus** ist jüngster Sohn von **Kronos** und **Rheia** und Bruder von **Poseidon**, **Hades**, **Hestia**, **Demeter** und **Hera**. Seine Eltern, die Titanen, sind Kinder der Erdgöttin **Gaia** und des Himmelsgottes **Uranos** und ehemals die ersten „echten" Götter vor den Olympiern. Sie herrschten nicht lange, da es zum Kampf der Götter kam. Die wichtigsten Titanen waren **Kronos** und **Rheia**, gleichermaßen Geschwister und Gatten, wie die meisten anderen Titanen auch.

Der Sage nach fürchtet Kronos, der einst seinen Vater **Uranos** gestürzt und die Herrschaft an sich gerissen hatte, dass einer seiner Söhne ihn erschlagen könnte. Deshalb verschlingt er alle eigenen Kinder bis auf seinen Jüngsten: Als Rheia Zeus auf die Welt bringt, versteckt sie ihn in einer Höhle auf der Insel Kreta, um ihn vor dem Vater zu schützen. Um das Geschrei des Säuglings zu übertönen, lässt Rheia junge Halbgötter, die **Kureten**, vor der Höhle tanzen und singen. Ernährt wird der spätere griechische Hauptgott von Ziegenmilch und Honig.

Zeus überlebt und zwingt später den Vater, seine Geschwister wieder auszuspucken. **Metis**, die Göttin der Klugheit, soll mit einem Brechmittel, das sie Kronos verabreicht, nachgeholfen haben. In einer gewaltigen Befreiungsaktion rettet Zeus dann die von Uranos angeketteten Brüder von Kronos und erhält zum Dank die mächtigen Waffen „**Donner** und **Blitz**". Schließlich beginnen Zeus und die jungen Götter einen langwierigen Kampf gegen Kronos und die anderen Titanen. Mithilfe der drei **Hundertarmigen** gelingt ihnen der Sieg.

Zeus und seine Geschwister treten die Weltherrschaft an. Die Erdgöttin **Gaia** versucht zweimal, die neu geschaffene Ordnung zu vereiteln. Die Giganten, eine Schar von Riesen, die von Gaia aus einem Blutstropfen des Uranos auf die Welt gebracht wurden, treten gegen die Herrschaft des Himmelsgottes an. Sie werden aber von den Olympiern vernichtend geschlagen. Schließlich schickt Gaia das Feuer speiende Ungetüm **Typhon**, bei dessen Anblick (er hat mehr als 100 Drachenköpfe!) die meisten Olympier die Flucht ergreifen. Zeus jedoch trifft es mit einem Blitz und schleudert den Berg Ätna auf das Ungeheuer.

### ? Schon gewusst?

Der Grund für die am Ätna immer wiederkehrenden Vulkanausbrüche ist das verschüttete Ungeheuer Typhon, das noch dieser Tage aus dem sizilianischen Berg Feuer speit!

Der Sieger sichert nun seine Weltherrschaft, die ihm niemand mehr streitig macht. **Poseidon** erhält die Gewalt über das Meer, **Hades** kümmert sich fortan um die Unterwelt und **Zeus** selbst beansprucht den Himmel für sich. Erde und Olymp teilen sie sich gemeinsam. Als Vater der Götter und Menschen steht Zeus fortan an der Spitze der olympischen Götter. Als unumschränkter Herrscher vereinigt er in sich die höchste physische und geistige Kraft.

## Aufgaben

Zeus´ Name ist einer der wenigen, die klar deutbar sind. Zeus/Dios bedeutet so viel wie Gott des hellen Himmels, der Wortstamm *-di* taucht auch im griechischen Wort für schönes Wetter, *eudia*, und im Lateinischen für Tag, *dies*, auf. Als Himmels- und Wettergott sendet Zeus Wind, Sturm, Blitz und Donner. Doch auch als **Schicksals-** und **Orakelgott** ist er tätig. Auf dem Zeustempel in Olympia ist er mit den beiden olympischen Sehergeschlechtern Pelops und Oinomaos abgebildet. Mithilfe einer Waage kann er das Schicksal von Personen oder Streitmächten abwägen. Zeus bleibt als einziger Gott grundsätzlich unparteiisch, deshalb erscheint er auch als eine Art Richter. Darüber hinaus tritt er als **Schwurgott**, als Schützer von Haus, Familie und Gastrecht, als Helfer der Schutz Suchenden und Landflüchtigen in Erscheinung. Zudem wacht er über Stadt, Staat und Verfassung. Auf dem Olymp sorgt der mächtige Herrscher wie einst ein mykenischer König für **Frieden** und **Ordnung**. Allerdings war er auch für seine Wutanfälle und Rachegelüste bekannt.

## Frauen

Seine Ehefrau **Hera** hat es nicht leicht mit ihrem Ehemann, denn der liebeshungrige Gott nimmt es mit der ehelichen Treue nicht sehr genau. Dabei nähert er sich seinen unzähligen Geliebten gern in merkwürdigen Gestalten. So entführt Zeus in Gestalt eines Stieres **Europa**, **Leda** nähert er sich als Schwan, **Danae** als Goldregen, **Antiope** als Pferd in Menschengestalt (Satyr). Aus seinem Liebesabenteuer mit der Titanin **Themis** stammen die Göttinnen der Jahreszeiten (Horen), die Schicksalsgöttinnen (Moiren), die Hüter der goldenen Äpfel (Hesperiden) und die Göttinnen der freien Natur (Nymphen). Mit **Dione** zeugt er Aphrodite, die Göttin der Liebe und Schönheit, **Mnemosyne** empfängt von ihm die neun Musen, **Eurynome** die Anmut und Festfreude bringenden Chariten, **Demeter** schließlich gebärt ihm Hekate (Herrin von Zauber und Giftmischerei)

### ! Schwierige Partner

Trotz seiner zahlreichen Liebesabenteuer respektiert Zeus wie alle Männer der griechischen Elite seine Familie, allerdings mag es wie bei anderen Ehepaaren auch ernste Meinungsverschiedenheiten zwischen Zeus und Hera gegeben haben. Der Sage nach soll der strenge Herrscher seinen Sohn Hephaistos einmal sogar ins Meer geworfen haben, weil dieser seiner Mutter gegen den Vater beistehen wollte.

*Athena Parthenos, Kopie nach einem Original des Phidias*

und Persephone (Göttin der Unterwelt), **Leto** die Götter Apollon und Artemis. Seine rechtmäßig anerkannte Ehefrau Hera schenkt ihm Ares, Hephaistos, Hebe und Eileithyia.

### Darstellung und Kult

Zeus wird meist in majestätischer Haltung auf einem Thron sitzend mit langem **Spitzbart**, **Blitzbündel** und **Zepter** dargestellt. Die wohl berühmteste Darstellung stammte vom Bildhauer Phidias (5. Jh. v. Chr.) und wurde aus Gold und Elfenbein gefertigt. Sie befand sich im Zeustempel von Olympia und ist leider nicht mehr erhalten. Im Gegensatz zu anderen Göttern wie Apollon oder Demeter sind Zeusfeste und -kulte weniger häufig, auch wenn man dem mächtigen Herrscher der Welt größte Verehrung entgegenbrachte.

## Hera – die Königin des Olymps

Als Schwester und Ehefrau des Göttervaters Zeus ist **Hera** die mächtigste Frau auf dem Olymp. Ihr Name bedeutet so viel wie „Herrin". Schon lange vor Zeus wurde sie im antiken Griechenland verehrt. Der Tempel der Hera, das Heraion in Olympia, stammt aus dem 6. Jh. v. Chr. dort soll sich einst die goldelfenbeinerne Kolossalstatue des berühmten Künstlers Polyklet befunden haben.

Doch bereits in mykenischer Zeit spielte die Göttin eine herausragende Rolle als Herrin über **Großvieh** und **Seefahrer**. Viele bedeutende Heiligtümer Heras befinden sich deshalb wohl auch in Flussebenen; aber auch ihre Lieblings-

*Zeus und Hera*

pflanzen, die **Weiden**, wachsen dort. Die Lage der Kultstätten zeigt ihre Verbindung zu Rindern und Pferden. Das heilige Opfertier Heras ist die **Kuh**. Als Göttin der Seefahrer wird sie in vorhomerischer Zeit auch in Meeresnähe oder an Häfen verehrt.

### Aufgaben

Als Ehefrau des Zeus wird Hera auch als **Mond-**, **Erd-** und **Luftgöttin** verehrt. Bei Homer ist sie vor allem die Schützerin von **Ehe**, **Haus** und **Familie**. Was ihr bei anderen gelingt, misslingt in ihrer eigenen Ehe, die eher stürmisch verläuft.

Ihr Mann betrügt sie ständig mit anderen Frauen, was bei ihr wiederholt zu Eifersuchtsanfällen führt. Nicht genug: Zeus macht sie sogar einmal zum Gespött der anderen Götter, als er sie in der Halle des Olymps für alle sichtbar „aufhängt".

**! Schutz der Familie**

Ihre Eifersucht und die Verfolgung der Söhne sterblicher Frauen des Zeus sind Ausdruck für den Schutz, den Hera der Familie zukommen lässt. Vor allem Frauen verehren die Götterkönigin, die auch als **Geburtsgöttin** angerufen wird.

### Eigenschaften und Darstellung

Die Mutter von **Ares**, **Hephaistos**, **Hebe** und **Eileithyia** tritt im Allgemeinen als freundliche Götterkönigin in Erscheinung. Aber sie ist auch bekannt für ihre wilden Zornesausbrüche – vor allem ihrem Mann gegenüber. Hass und Härte bestimmen ebenso ihr Charakterbild; nach dem Fall Trojas verfolgt Hera Aeneas, den Sohn von Aphrodite, und die anderen trojanischen Flüchtlinge vor Wut bis nach Italien.

Hera wird meist groß, stattlich und vollkommen bekleidet dargestellt. Zu ihren wichtigsten Attributen gehören das **Diadem**, das **Zepter**, **Zweig** und **Pfau**.

## Poseidon – Herr der Meere

Schon in vormykenischer Zeit wurde Poseidon verehrt. Kulte und Mythen um seine Person stammen vor allem vom Peloponnes, aber auch aus Böotien und den Inseln im Ägäischen Meer.

Als Zeus die Weltherrschaft erlangt, macht er seinen Bruder Poseidon zum Gott über **Meere**, **Flüsse**, **Seen** und **Quellen**. Daneben wird Poseidon Mitbeherrscher der Erde. Sein Attribut ist der **Dreizack**, eine Waffe, die der Gott der Meere gern gegen seine

Gegner einsetzt. Auch das Meer wühlt er damit auf.

Poseidon ist nicht gerade ein friedfertiger oder sanfter Gott. Die Menschen machen ihn deshalb auch für Naturkatastrophen wie Seestürme, Erdbeben und Vulkanausbrüche verantwortlich. Seeleute bitten um seinen Segen, um die stürmischen Fahrten auf dem Meer heil zu überstehen.

Mit Hera und Athene muss sich Poseidon die Aufgabe als Gott des Pferdes teilen. Als Abkömmling des jähzornigen Gottes gilt das geflügelte Pferd **Pegasus**. Überhaupt erscheint der wilde Gott gern als Pferd. Aus vormykenischer Zeit stammt seine Vorliebe für den **Stier**, sein Opfertier.

Poseidon ist auch Gott von Bündnissen zwischen Städten, wie etwa dem panionischen Bund, Urvater verschiedener Stämme, etwa der

*Poseidontempel*

Äoler und Böoter, sowie Schutzpatron des heranwachsenden männlichen Kindes. Die Menschen blicken mit Respekt zu ihm auf.

## Frauen

Der in der Kunst meist als schöner und muskulöser Gott dargestellte Poseidon hält ebenso wenig wie sein Bruder Zeus viel von der Monogamie. Sogar seine Schwester Demeter ist vor ihm nicht sicher: Poseidon nimmt die Gestalt eines Hengstes an, um sich ihr zu nähern. Verheiratet ist er mit **Amphitrite**, obwohl diese ein Keuschheitsgelübde ablegt. Ihr gemeinsamer Sohn **Triton** wird ebenfalls ein mächtiger Liebesgott. Poseidons unzählige Liebesabenteuer haben eine große Zahl Nachkommen zur Folge, z. B. einen kleinen goldenen Widder, der fliegen kann, und andere merkwürdige Kreaturen oder Ungeheuer.

Poseidon hält sich meist im Olymp auf. Sein eigentliches Zuhause allerdings ist ein großer Palast, den er mit seiner Ehefrau in den Tiefen des Ägaischen Meeres bewohnt. Zu seinem Gefolge gehören alle Meerwesen, wie die 50 freundlichen Meeresnymphen Nereiden und die Tritonen.

## Eigenschaften

In nichts steht Poseidon den anderen Götter als Kämpfernatur nach. Auch er ringt vor Troja. Mit den anderen Göttern auf dem Olymp kommt er gut aus, nur sein Verhältnis zum Bruder Zeus ist nicht immer ungetrübt. Im Allgemeinen gehorcht Poseidon dem mächtigen Zeus, aber es kommt hin und wieder aufgrund einer Rivalität zu Streitigkeiten. Poseidon, der sich nach dem Sieg gegen die Titanen von seinem Bruder ungerecht behandelt fühlt, zettelt einen Aufstand gegen ihn an, der jedoch misslingt. In Homers *Ilias* erinnert der Gott über die Meere den Himmelsgott daran, dass dieser nur über den Himmel herrscht. Die Konkurrenz der beiden Brüder zeigt sich offen in den ihnen zu Ehren veranstalteten Spielen: Die isthmischen Spiele in Korinth für Poseidon stehen den olympischen Spielen des Zeus nur um wenig nach. Auch das Verhältnis zu seiner Schwester Athene ist nicht gerade das beste. Beide beanspruchen die Herrschaft über das Pferd und über Attika. Letztere muss Poseidon abtreten. Mit Apollon dagegen einigt sich der Gott der Meere im Guten: Er tauscht mit diesem das Orakel von Delphi gegen die Höhle des Tainaron.

### Darstellung

Poseidon wird in der griechischen Kunst meist mit dem Dreizack dargestellt. Sein Körperbau ist athletisch, sein Aussehen meist wild. Häufig zeigt er sich stehend in seinem aus einer Muschel gefertigten und von geflügelten Pferden gezogenen Wagen. Die eindrucksvolle Bronzestatue aus dem 5. Jh. im Athener Nationalmuseum zeigt den Poseidon vom Kap Artemision in kraftvoller Pose.

## Demeter – Göttin des Wachstums und der Fruchtbarkeit

Wohl eine der am meisten verehrten griechischen Olympierinnen ist Demeter, die Göttin der **Fruchtbarkeit** und des **Wachstums**, insbesondere des **Ackerbaus** und **Getreides**. Ihr Name bedeutet „Erdmutter" oder „Kornmutter".

### Aufgaben

Sie ist für alles verantwortlich, was mit dem Landleben zu tun hat. Ihre Verehrung wird verständlich, wenn man bedenkt, welch hohen Stellenwert die Landwirtschaft damals für die Menschen besaß. Missernten zogen Hungersnöte nach sich, denn der tägliche Bedarf an Nahrungsmitteln wurde ausschließlich aus der heimischen Landwirtschaft gedeckt. Demeter ist zugleich die mütterlichste der homerischen Göttinnen und wird deshalb vor allem von Frauen verehrt.

*Demeter*

Sie ist mit den Menschen besonders innig verbunden, da sie lieber auf der Erde als auf dem Olymp lebt. Sie sorgt für das Überleben der Menschen und wird deshalb als Spenderin von Lebenskraft angesehen. Man vergleicht sie mit Rhea oder Gaia, auch mit Isis, der altägyptischen Göttin der Wiedergeburt und der Fruchtbarkeit.

### Persephone

Eine kurze Affäre mit ihrem Bruder Zeus hat Folgen für Demeter: Ihre über alles geliebte Tochter **Persephone** wird geboren. Mutter und Tochter lieben sich abgöttisch. Diese innige Beziehung umgibt die Fruchtbarkeitsgöttin mit einer mütterlichen Aura, die bei den hellenischen Frauen besonders gut ankommt.

Beide sind Hauptfiguren einer homerischen Hymne, dem Mythos von Demeter und Persephone: Persephone wird beim Spiel von **Hades**, dem Gott der Unterwelt entführt. Zeus nimmt dies schweigend hin, er befürwortet sogar die Ehe zwischen den beiden. Demeter ist verzweifelt und irrt auf der Suche nach ihrer geliebten Tochter ratlos umher. In ihrer Sorge um das Kind kümmert sie sich nicht mehr um die Landwirtschaft. Die Menschen müssen hungern. Von Keleus, dem attischen König, erfährt sie schließlich, dass ihre Tochter in die Unterwelt verschleppt wurde. Demeter fordert Persephone von Zeus zurück. Der Göttervater lenkt ein, nachdem die Lebensmittel immer knapper werden. Er setzt einen Vertrag auf, der besagt, dass Persephone die Hälfte des Jahres in der Unterwelt, die übrige Zeit bei den Göttern auf dem Olymp verbringen soll. Der homerische Mythos symbolisiert gleichzeitig den Wechsel von Leben und Tod. Demeter ist damit auch die Verbindung zwischen Sterblichen und Unsterblichen – sie begleitet

**? Schon gewusst?**

Durch den abwechselnd wiederkehrenden Verlustschmerz Demeters und die Freude über die Anwesenheit der Tochter Persephone im Olymp entstehen auf der Erde die Jahreszeiten.

die Menschen im Sterben und in den Tod.

### Feste

Zu Ehren von Demeter und Persephone feiert man im Monat der Aussaat die **Tesmophorien**. Es ist das wichtigste Frauenfest im antiken Griechenland; Männer bleiben davon ausgeschlossen. In Athen dauert es drei Tage. Am ersten Tag (Anados) steigen die Frauen mit Nahrungsmitteln, Ausrüstung und Ferkeln zu den Tempeln der Demeter auf und bereiten dort ihr Lager. Am zweiten Tag (Nestei) fasten sie und am dritten Tag (Kalligenia) legen die Frauen nach opulentem Mal Essensreste und andere Opfergaben als Düngemittel auf die Altäre.

Die wichtigste Kultstätte der Fruchtbarkeitsgöttin ist **Eleusis** in Attika. An den großen **Mysterien**, einem neun Tage dauernden Fest zu Ehren der Göttin im September, zieht eine feierliche Prozession nach Eleusis, um die Wiedervereinigung von Demeter und Persephone zu feiern. Nur Eingeweihte dürfen den Kulthandlungen beiwohnen. Die Teilnehmer hoffen auf ein glückliches Leben im Jenseits.

> **! Demeter in Knidos**
>
> Aus dem Heiligtum der Demeter in Knidos stammt die bekannte auf einem Thron sitzende Marmorplastik der Göttin aus dem 4. Jh. v. Chr., die heute ihren Platz im British Museum in London hat.

## Aphrodite – Göttin der Liebe und Schönheit

Nicht aus Griechenland, sondern aus dem Orient stammen Aphrodite und der Kult um die Göttin. In ihrer Gestalt vereinigen sich Züge der semitischen Fruchtbarkeits-, Liebes- und Himmelsgöttin Astarte mit der Gestalt der kleinasiatischen Muttergottheit. Es existieren zwei unterschiedliche Sagen über die Geburt der Göttin. Nach Homer ist die Liebesgöttin die Tochter von Zeus und Dione. Nach Hesiod entsteht sie aus dem Schaum des Meeres und wird von einer sanften Strömung nach Zypern getragen, wo sie von den Chariten, Töchter, des Zeus, aufgezogen wird. Nach dem Sieg über die Titanen wird sie auf den Olymp gebracht.

### Aufgaben

In der Vielzahl ihrer unterschiedlichen Aufgaben unterscheidet sich Aphrodite kaum von anderen Gottheiten. Als Aphrodite Urania (nach Hesiod) ist sie für die **heilige Liebe** zuständig, Homer dagegen weist ihr die **sinnliche Liebe** zu. Sie ist damit gleichermaßen Göttin der **Ehe** und der **Prostitu-**

**tion**: Sie leitet die Frauen zur ehelichen Treue an und verführt sie auch zum Ehebruch. Aphrodite ist Herrin der **Schönheit**, der **Eleganz**, des **Charmes**, der **Freude** und des **Lachens**. Als Göttin der Fortpflanzung ist sie zudem verantwortlich, dass genügend Nachkommen gezeugt werden.

## Männer

Mit ihrer Schönheit bezaubert Aphrodite alle Männer, auch die des Olymps. Zeus ist von ihr gefesselt, seine Annäherungsversuche werden jedoch abgeschmettert. Der erzürnte Göttervater sinnt auf Rache. Er zwingt die Liebesgöttin, den hinkenden, unattraktiven Götterschmied **Hephaistos** zu heiraten. Aphrodite lässt sich auf diese Zwangsehe ein, was sie aber nicht daran hindert, sich mit anderen Männern und Göttern einzulassen. Aus ihrer Verbindung mit dem Kriegsgott Ares geht **Eros** hervor. Dieser legendäre Liebesgott hat die Fähigkeit, Menschen und Götter mit magischen Pfeilen zu verzaubern. Weitere Kinder aus dieser turbulenten Beziehung zwischen Schönheit und Kampf sind **Anteros**, **Harmonia**, **Deimos** und **Phobos**.

## Darstellung

Ihrer Schönheit wegen wird Aphrodite häufig auf Vasen und in der bildenden Kunst dargestellt. Berühmte Plastiken sind die erstmals nackt dargestellte *Knidische Aphrodite* des Praxiteles (ca. 340 v. Chr.), die *Kauernde Aphrodite* des Doidalas (Bronzeoriginal 3. Jh. v. Chr.) sowie *Aphrodite von Melos* (Venus von Milo) vom Ende des 2. Jh. v. Chr. Die Kunst zeigt sie meist als Idealbild der Weiblichkeit. Oft ist sie nur mit einem magischen Gürtel bekleidet. Häufig schmückt sie sich mit Rosen, Myrten, Äpfeln, Tauben, Schwänen oder Spatzen.

*Aphrodite*

*Statue Aphrodite*

## Der goldene Apfel

Das Aussehen der Liebesgöttin macht sie zum Gegenstand so mancher Legende. Die Wichtigste trägt sich auf dem Ida zu: Hera, Athene und Aphrodite besuchen Paris, den Sohn des Priamos und der Hekabe. Man sitzt gerade an der Hochzeitstafel des Peleus, als **Eris** einen goldenen Apfel mit der Aufschrift „Der Schönsten!“ unter die Gäste wirft. Sofort geraten Hera, Athene und Aphrodite in Streit. Jede behauptet von sich, die schönste Göttin des Olymps zu sein. Sie entschließen sich, Paris entscheiden zu lassen. Hera verspricht ihm Macht, Athene militärischen Ruhm und Aphrodite die schönste Frau zur Ehe. Paris entscheidet sich für Aphrodite, die ihm die verheiratete Helena verspricht. So entführt Paris die Ehefrau des Menelaos und verursacht damit den Ausbruch des Trojanischen Krieges.

*Venus von Milo (links) und die Knidische Aphrodite (rechts)*

## Artemis – die Göttin der Jagd

Der Mythos hat Artemis, eine der ältesten Göttinnen im griechischen Raum, mit **Pfeil** und **Bogen** ausgestattet. Die Herrin über **Tiere** und freie **Natur** wurde bereits in minoischer Zeit verehrt. Die **Jagdgöttin** ist das Kind von Zeus und Leto, einer schönen Tochter der Titanen Koios und Phöbe. Hera – eifersüchtig auf die Geliebte ihres Gatten Zeus – unternimmt alles, um Leto zu quälen. Sie schickt ihr einmal die Schlange Python. Um seine schwangere Geliebte vor den Wutausbrüchen seiner Ehefrau zu schützen, verwandelt Zeus Leto in eine Wachtel. Hera verhindert jedoch die Rückkehr des Vogels auf festen Boden. Kurz vor der Niederkunft erbarmt sich die Insel Delos und Letos darf landen. Zeus verwandelt seine Geliebte zurück und diese bringt Artemis auf die Welt. Bei der Geburt ihres Zwillingsbruders **Apollon** unterstützt Artemis ihre Mutter bereits. Geschockt von dem Erlebnis bittet sie ihren Vater, auf ewig Jungfrau bleiben und Geburtshelferin werden zu dürfen. Zeus gibt diesem Wunsch nach.

### Aufgaben

Artemis ist nicht nur **Geburtshelferin**, vor allem ist sie **Jägerin**. Mit ihren Nymphen, den Göttinnen der freien Natur, zieht sie mit Pfeil und Bogen durch die Wälder.

Sie besitzt die Fähigkeit, wilde Tiere zu zähmen und Untiere zu ergreifen. Auch Menschen können durch ihren Bogen sterben, so geschehen dem mächtigen Jäger Orion. Von den Tieren, die der Gunst der Artemis unterliegen, sind vor allem **Hirsch** und **Bär** zu nennen.

Der Göttin Selene nimmt die auch als **Vegetations-** und **Fruchtbarkeitsgöttin** verehrte Olympierin die Herrschaft über den Mond ab. Von Hekate, der Tochter des Titanen Perses, werden ihr mystische Elemente wie die **Zauberei** und die Herrschaft über **Geister** und Zauberinnen zugesprochen.

## Männer

Artemis meidet die Gesellschaft von Männern und hält sich streng an ihr Keuschheitsgelübde. Das erwartet sie allerdings auch von anderen. Sie bestraft alle, die dagegen verstoßen, so auch ihre Freundin Kallisto, die sich von Zeus verführen lässt. Die Hüterin der Jungfräulichkeit verwandelt die Prinzessin in einen Bären, der zur Jagd freigegeben wird.

*Artemis, die Göttin der Jagd*

### ? Schon gewusst?

Die beiden Sternbilder „Großer Bär" und „Kleiner Bär" haben ihren Ursprung in der griechischen Mythologie. Um Kallisto und das ungeborene Kind vor der Rache von Artemis zu schützen, verwandelt Zeus seine Geliebte und das ungeborene Kind in die beiden Sternbilder.

## Darstellung

Artemis wird meist als junge, fast mädchenhafte schöne Frau in kurzem Gewand dargestellt, die von Hunden begleitet wird. Selten wird Bezug auf ihre Verbindung zur Zauberei genommen, dann jedoch sieht man die Göttin auch schon einmal mit drei Köpfen. Auf ein Werk der frühen Klassik um 460 v. Chr. geht der eindrucksvol-

### ? Schon gewusst?

Die bronzene Kultstatue der Göttin mit Bogen und Fackel, die im Artemistempel in Athen aufgestellt war, wurde in römischer Zeit vielfach kopiert.

le Kopf der Göttin Artemis in Ephesos zurück, der streng, harmonisch, nur die wesentlichen Bestandteile des menschlichen Gesichtes betonend, gestaltet ist und ursprünglich in eine Gewandstatue eingesetzt war.

## Apollon – der Gott der Weissagung

Der wohl griechischste aller Götter stammt eigentlich aus Kleinasien. Von einigen wenigen Kultzentren dort wie Delos, Delphi und Didyma breitet sich der Glaube an Apollon in ganz Griechenland aus. Kämpft der Gott in der *Ilias* noch aufseiten der Trojaner gegen die Griechen, wird er später der Inbegriff des Hellenentums.

### Aufgaben

Die göttlichen Eigenschaften des Apollon, Bruder der Jagdgöttin Artemis und Sohn von Leto und Zeus, sind vielschichtig und mehrdeutig. Im Laufe der Jahrhunderte verändern sich seine Eigenheiten. Der schöne junge Gott, der mit dem Sonnengott Helios gleichgesetzt wird (er trägt deshalb oft den Beinamen Phoebus), wird von der gesamten griechischen Welt verehrt. Die wohl wichtigste Aufgabe des Sonnengottes, den feurigen Wagen (Sonne) über den Himmel zu lenken, bleibt jedoch in Helios´ Hand. Apollon ist nicht nur Gott der **Weissagung**, er übernimmt auch die Schutzherrschaft über das **geistige Leben** und die **schönen Künste**. Als Gott der Musik spielt er mit Vorliebe Lyra (eine siebensaitige Leier), ein Geschenk von Hermes, dem Götterboten. Stolz auf seine große Musikalität gerät Apollon hin und wieder in Streitigkeiten mit dem Sartyr Marsyas und dem Waldgott Pan. Der junge Gott kann es partout nicht leiden, wenn ihm ein anderer Musiker vorgezogen wird. Als Gott des geistigen Lebens ist Apollon zugleich Herr der **Musen**, der neun Schutzgöttinnen der **Künste** (Gesang, Musik, Tanz und Dichtung) sowie Schutzpatron der **Wissenschaften**.

Doch auch Landwirtschaft und Hirtenwesen gehören in seinen Aufgabenbereich. Apollon schützt die Herden vor Wölfen, verjagt Feldmäuse und vertilgt Heuschrecken, die der Ernte gefährlich werden können. Doch damit nicht genug: Apollon wird als **Heil-** und **Sühnegott** verehrt. Seine Pfeile können Krankheit und Tod bringen. Umgekehrt übernimmt er die Funktion des Arztes, der die **Genesung** bringen

*Bronzekopf Apollon*

kann. Letzteres geht später auf seinen Sohn Asklepios, den Gott der Ärzte über.

Der Jugend und Schönheit personifizierende Apollon stellt die athenische Demokratie und die spartanische Aristokratie unter seine persönliche Obhut. Die Griechen sehen in Apollon den Garanten der sittlichen Ordnung. Apollon gilt als meisterhafter Bogenschütze und begabter Athlet, dem zugeschrieben wird, der erste Sieger bei den Olympischen Spielen gewesen zu sein. Während seine Schwester Artemis junge Frauen beschützt, gewährt Apollon den jungen Männern Schutz.

## Orakel von Delphi

Wichtigster Aufgabenbereich Apollons jedoch ist das **Orakel von Delphi**. Gott des Orakels wird er, nachdem er die auf seine Mutter gehetzte Pythonschlange (in einigen Quellen auch ein Drache) getötet hat. Deren ehemalige Heimat, der Orakelschrein von Delphi, fällt damit in seine Obhut.

Delphi ist eines der wichtigsten kulturellen und geistigen Zentren Griechenlands. Die Autorität des Orakels wird überall anerkannt. Im Orakelschrein befindet sich ein heiliger Stein, angeblich der, den Rhea Kronos anstelle des neugeborenen Zeus zum Verschlingen vorgesetzt hatte. Bevor das Orakel eine Frage beantwortet, müssen bestimmte Riten vollzogen werden. Nach der Opferung eines Schafes oder einer Ziege wird die Pythia befragt. Diese erhält dann in einer Art Hypnose die Antwort des Gott der Weissagung Apollon. Bei ungünstigen Antworten zieht Pythia es allerdings meist vor zu schweigen.

## Frauen

Apollon lebt zwar ehe-, aber nicht freudlos. Die Liste seiner Geliebten ist lang. Seine bekannteste Gespielin ist **Koronis**, die ihn mit dem Sterblichen Ischys betrügt. Sie wird deshalb von Apollon oder seiner Schwester Artemis getötet, der ungeborene Sohn in ihrem Leib wird von Apollon jedoch gerettet: Asklepios wird später von ihm in die Geheimnisse der Medizin eingeweiht.

Die schöne Göttin **Daphne**, Tochter des Flussgottes Peneios, wird von Apollon begehrt. Als sie sich widerspenstig zeigt und die Flucht ergreifen will, wird sie auf ihr Stoßgebet hin in einen Lorbeerbaum verwandelt.

### Darstellung

In der bildenden Kunst wird Apollon häufiger dargestellt als jede andere antike Gottheit. Die bedeutendste heute noch erhaltene Darstellung ist der Apoll von Belvedere, eine römische Marmorkopie der griechischen Originalbronze aus dem 4. Jh. v. Chr., die sich heute in den Vatikanischen Sammlungen in Rom befindet. Seine wichtigsten Attribute sind **Pfeil** und **Bogen**, **Leier**, **Lorbeer** und **Efeu**.

## Athene – die Kriegs- und Friedensgöttin

Nach Hesiods *Theogonie* erblickt Athene (Athena) auf außergewöhnliche Art das Licht der Welt. Als **Metis**, die Titaningöttin merkt, dass sie von Zeus schwanger ist, zeigt sich dieser wenig erfreut. Nach einer Prophezeiung Gaias nämlich sollte ein Kind aus dieser Verbindung mächtiger als der Göttervater selbst werden. Kurzerhand verschlingt Zeus die Titanenkönigin, in dem Glauben, damit auch das ungeborene Kind getötet zu haben. Doch nach einigen Monaten quälen ihn starke Kopfschmerzen. Zeus bittet Hephaistos, seinen Kopf mit einer Axt zu spalten. Aus der offenen Wunde springt Athene, bereits erwachsen und in voller Rüstung.

Schon in vorgriechischer Zeit wird Athene verehrt, zunächst vermutlich als Palastkönigin. Später wird sie Stadtgöttin Athens. Ihre Kulte und Feste sind weit verbreitet, ihr Tempel ist der berühmte Parthenon auf der Akropolis in Athen.

### Aufgaben

Als Kriegsgöttin bildet Pallas Athene (dem Giganten Pallas zieht sie die Haut ab und bekleidet damit ihren Schild) den Gegensatz zum Kriegsgott Ares. Da sie keinen Spaß am blutigen Gemetzel und an Schlachten findet, sind ihre Kriege auch im Allgemeinen kurz und unblutig. Athene erscheint meist in voller Rüstung, die aus Schild, Speer und Helm besteht. Den Schild ziert das Haupt der Medusa (eine der drei Gorgonen), das Perseus ihr schenkt, weil sie ihn im Kampf mit den Gorgonen schützt. Auch andere Helden stehen unter ihrem persönlichen Schutz, etwa Jason, Orest, Herakles und Odysseus.

Als **Friedensgöttin** wird sie jedoch weitaus mehr verehrt. Athene schützt die Staaten, besonders ihre Stadt

*Pallas Athene*

*Gorgo*

Athen, sie sorgt für inneren Frieden und Sicherheit durch den Gerichtshof auf dem Aeropag. Doch um den Besitz von Attika muss Athene erst mit Poseidon kämpfen. Wer dem Land das wertvollste Geschenk gibt, soll nach Beschluss der Olympier sein Besitzer werden. Poseidon lässt einen Quell entspringen, Athene den ersten Ölbaum wachsen. Ihr wird der Sieg zugesprochen.

Besondere Bedeutung hat sie als Göttin des **Handwerks**, der **Spinn-** und **Webkunst**, der **Kindererziehung** und des **Haus-** und **Tempelbaus**. Als Schutzherrin der Handwerker trägt sie den Beinamen Ergane und steht dem Schmiedegott Hephaistos nahe. Von Bedeutung ist ihre Beziehung zum **Ölbaum**. Der Sage nach soll Athene ihn geschaffen, veredelt und damit für den Menschen nutzbar gemacht haben. Auch den Bau von Schiffen und die Zähmung der Pferde lehrt sie den Griechen.

## ? Schon gewusst?

Der jungfräulichen Athene Parthenos wird der schönste Tempel auf der Akropolis geweiht, der Parthenon. In seinem Innern soll die berühmte Elfenbeinstatue des Pheidias gestanden haben.

## Männer

Athene lebt zwar auch ehelos, im Gegensatz zu Artemis verzichtet sie allerdings nicht auf Beziehungen zu Männern. Trotz der ihr auch zugeschriebenen Keuschheit und Jungfräulichkeit hat Athene ein Kind, das gezeugt wird, als Hephaistos sie sexuell belästigt. Aus dem auf die Erde herabfließenden Samen entsteht **Erichthonios** – ein Monster mit Menschenkörper und Schlangenschwanz. Trotz seiner abstoßenden Gestalt wird Erichthonios von Athene aufgezogen und zum König von Athen gemacht.

*Herakles*

Eine ganz besondere Beziehung soll Athene zu ihrem Vater Zeus gehabt haben. Sie ist die Einzige in seiner unmittelbaren Umge-

> **! Sternbild**
>
> Auch der Sohn der Athene, Erichthonios, wird zu einem Sternbild am Himmel – dem Fuhrmann.

bung, die Einfluss auf ihn hat, ihn besänftigen und beruhigen kann.

### Panathenäen

Wie nahezu jede Stadt in Griechenland wird auch Athen von einer ganz „eigenen" Gottheit geschützt, nämlich der Namensvetterin Athene. Ihr zu Ehren feiert man alle vier Jahre im August vier Tage lang die Panathenäen. Auf dem Fries des Parthenontempels sieht man die Wettkämpfe und Opferhandlungen, aber auch, wie die ganze Stadt auf den Beinen ist und auf die Akropolis zieht, um der Göttin an ihrem Geburtstag ein neues prächtiges Gewand (Pelops) zu überreichen. Das bestickte Kleid führt die Prozession an, gefolgt von den Weberinnen des Kleides (Ergastinai) und von Mädchen (Kanephosoi), die Opfergeräte mit sich führen. Die männliche Jugend behütet die Opfertiere und ihnen allen schließen sich die Bürger Athens und der Reiternachwuchs an. Bei den Festlichkeiten vermischen sich Gottesanbetung mit dem Spaß am Feiern und an den Wettkämpfen, die vor der eigentlichen Prozession im Mittelpunkt stehen. Begehrt sind die mit Öl gefüllten Preisamphoren, die von einem Bildnis Athenes geziert werden.

### Darstellung

Athene erscheint meist in voller Rüstung. Bekanntes Beispiel aus der bildenden Kunst ist die Athena Lemnia des Phidias, die Marmorkopie aus der römischen Kaiserzeit steht heute in Dresden. Im Athener Nationalmuseum kann man die Kopie eines Kultbildes der Athene aus dem 3. Jh. n. Chr. bewundern, das einst in der Cella des Parthenon stand. Das Original der Athena Parthenos wird Phidias zugeschrieben.

## Hephaistos – der Schmiedegott

Den Sohn von Zeus und Hera hatten die Griechen aus Kleinasien übernommen. Dort, auf Lemnos, liegt seine wichtigste Kultstätte. Über die Geburt von Hephaistos gibt es zwei unterschiedliche Mythen. Nach dem ersten Mythos will auch Hera unbedingt ein Kind aus sich selbst heraus gebären, nachdem aus Zeus´ Kopf Athene entsprungen war. Hephaistos kommt jedoch hässlich zur Welt. Aus lauter Enttäuschung wirft Hera ihn vom Olymp. Der Aufprall auf die Erde ist so hart, dass Hephaistos sich verletzt. Er wird von den Neiriden Thetis und Eurynome aufgenommen und gepflegt. Später kehrt der hinkende Gott auf den Olymp zurück und baut prächtige Paläste für die anderen Olympier.

Nach dem zweiten Mythos kommt Hephasitos auf normalem Wege auf die Welt. Als Erwachsener ergreift er des öfteren für seine Mutter und gegen seinen Vater Partei. Als Zeus Hera an einer Kette vor der Decke der großen Halle des Olymps aufhängt, weil ihre Eifersuchtsanfälle ihm auf die Nerven gehen, wagt Hephaistos es, sie zu befreien. Darüber ist Zeus so wütend, dass er seinen Sohn vom Olymp wirft. Der Gott des **Feuers** und der **Schmiedekunst** fliegt neun Tage und Nächte und landet schließlich auf der Insel Lemnos. Beim Aufprall bricht er sich ein Bein und bleibt fortan lahm. Die Bewohner der Insel mögen Hephaistos und bauen ihm einen Tempel und eine große Schmiede.

*Ruinen von Troja*

## Aufgaben

Im Unterschied zu anderen Göttern hat Hephaistos klar umrissene Aufgaben. Er baut nicht nur die Paläste der Olympier und werkelt ansonsten in seiner unterirdischen Schmiede vor sich hin. Der begnadete Handwerker fertigt auch eine neue Rüstung für **Achilleus**, den größten griechischen Held im Kampf um Troja. Aus seiner Werkstatt stammen die Ägis (Schild) von Athene, das Zepter des Zeus, der Wagen des Sonnengottes Helios, die Pfeile des Liebesgottes Eros, das Halsband der Harmonia und vieles mehr.

### ? Schon gewusst?

Hephaistos besitzt eine Art Doppelgänger, den Feuergott Prometheus. Beide werden mit Fackelläufen verehrt. Das athenische Fest zu Ehren des Hephaistos, die *Hephaistia*, schließt sich direkt an die *Promethia* an.

Auch die magischen goldenen Tische des Olymps, die von selbst in die Zimmer hinein und wieder herausfahren können, sind aus seiner Hand. Seine von ihm geschmiedeten Waffen haben besondere Kräfte. Hephaistos ist der Liebling der **Töpfer** und **Vasenmaler**, zumal er Gott des **Handwerks** und der **Künste** ist. Er steht Pallas Athene nahe. Er wird meist ungewöhnlich realistisch dargestellt, in Schweiß gebadet, mit zerzaustem Haar und einem Hammer in der Hand. Für Homer, der seinen Charakter als herzlich, rührend, eifrig, hingebungsvoll und hilfsbereit beschreibt, hat er eine ganz besondere Stellung: Als einziger Olympier ist Hephaistos zur Selbstironie fähig.

### Frauen

Hephaistos ist nur selten auf dem Olymp zu Gast. Erst nach seiner Aussöhnung mit den Göttern trifft man ihn dort häufiger an. Zeus verspricht dem leidenschaftlichen Schmiedegott eine Frau seiner Wahl. Hephaistos ist in Athene verliebt, doch die bleibt kühl. Also wünscht sich der eher unattraktive lahme Gott Aphrodite zur Frau, die schönste der Olympierinnen. Die Ehe der beiden ungleichen Partner verläuft alles andere als harmonisch. Die leidenschaftliche Affäre zwischen Aphrodite und Ares macht Hephaistos rasend. Er sinnt auf Rache. Er bastelt ein Netz mit Federmechanismus und versteckt es im Bett seiner Frau. Als diese und der Kriegsgott eine Liebesnacht darin verbringen wollen, werden sie gefangen.

*Ares, Vasenmalerei*

## Ares – der Kriegsgott

Schon in mykenischer Zeit ist der Kriegsgott Ares ein mächtiger Herr der **Schlachtfelder**. Homer ist vom negativen Charakter des Gottes nicht begeistert und nimmt ihn nur ungern in den Kreis der Olympier auf. Er stellt ihn allerdings in vielen Geschichten bloß: Der ungestüme Krieger wird von der besonnen kämpfenden Göttin Athene im trojanischen Krieg besiegt. In der *Ilias* lässt Homer Zeus zu Ares sagen: „Ganz verhasst mir bist du vor allen olympischen Göttern! Stets doch hast du den Zank nur geliebt und die Kämpfe“.

Ares, dessen Name soviel wie „Schädiger“, „Strafer“ oder „Rächer“ bedeutet, ist auch bei der griechischen Bevölkerung nicht besonders beliebt. Er gilt als aufbrausend und aggressiv. Er besitzt weniger Tempel und Kultstätten als andere Olympier; auch sind ihm weniger Feste und Mythen geweiht. Seine Altäre sind häufig mit Blut verschmiert und die mit ihm in Zusammenhang gebrachten Tiere wie **Elster**, **Geier** oder **Wolf** gelten als blutrünstig. Begleitet wird der Gott des Krieges von seiner Schwester **Eris** (Streit), seinen Gefährten **Phobos** und **Deimos** (Schrecken und Furcht) und den **Keres** (raffende Dämonen des Todes). Die seinen Wagen ziehenden Pferde heißen Furcht und Schrecken.

Aphrodite und Dionysos begleiten Ares als olympische Götter. Aus der leidenschaftlichen Affäre zwischen Aphrodite, Ehefrau des Schmiedegottes Hephaistos, und Ares stammt die Tochter **Harmonia**.

## Dionysos – der Gott des Weines

Zwei unterschiedliche Sagen ranken sich um die Geburt des Gottes Dionysos. Im ersten Mythos ist er, der auch Bakchos genannt wird, Sohn des Zeus und der sterblichen thebanischen Prinzessin Semele. Auf Anraten der eifersüchtigen Hera wünscht die schwangere Semele ihren Liebhaber in seiner wahren Gestalt zu sehen. Zeus gibt ihrem Verlangen nach und erscheint unter Donner und Blitz. Die sterbliche Semele verbrennt im göttlichen Blitzstrahl. Zeus rettet den Embryo und trägt ihn bis zur Geburt in seinem Schenkel aus.

*Dionysos*

### ! Nichtolympier

Homer kennt Dionysos noch nicht als Olympier, denn für dessen ekstatische Religion hatte der Adel nur wenig übrig. Erst später wird der Gott des Weines in den erlesenen Zwölfgötterkreis aufgenommen.

Im zweiten Mythos ist Demeters Tochter Persephone die Mutter des Dionysos. Hera stiftet die Titanen an, das Kind zu zerreißen, doch der Gott wächst wieder zusammen und wird von Nymphen aufgezogen. Als er später von Piraten entführt wird, lässt Dionysos Weinreben um Ruder und Masten wachsen, um das Schiff an der Weiterfahrt zu hindern. Die Besatzungsmitglieder verwandelt er in Delfine.

Seine ursprüngliche Heimat ist unbekannt. Theben, Thrakien oder Phrygien mögen erste Stätten seiner Verehrung gewesen sein. Verheiratet ist er mit Ariadne; für die Olympier eher ungewöhnlich ist seine eheliche Treue. Ihm werden nur wenige Affären zugeschrieben.

## Aufgaben

Dionysos ist der Gott des **Weines**, der **Trunkenheit**, der **Lebensfreude**, der **Ekstase** und der **Freude**. Die Riten seines Kultes sind ausschweifend und denjenigen, die für Recht und Ordnung zuständig sind, nicht selten ein Dorn im Auge. Die von seinen Anhängern gefeierten Orgien werden bisweilen verboten, was Dionysos, der im Allgemeinen als großzügig und mitfühlend beschrieben wird, sehr wütend macht. Seine Rachegelüste bringen ihn dazu, die Täter grausam zu bestrafen. Bisweilen treibt er sie bis in den Wahnsinn. Im weiteren Sinn ist Dionysos auch Gott der **Baumzucht** und der **Vegetation**. Der Sage nach hat er den Weinstock erschaffen und lässt Wein, Milch und Honig aus dem Boden sprudeln. Auch als Gott des **Theaters** wird er von den Menschen der Antike gefeiert.

## Dionysoskult

Zu Ehren des Gottes feiert man die **Dionysien**, die **Lenäen** und die **Anthesterien**. All diese Feste finden in Athen statt. Beliebt sind auch die „ländlichen Dionysien“, Dorffeste im Dezember: Singende Menschen bewegen sich in einer Prozession, Wettkämpfe und Streitreden folgen. Die wohl bedeutendsten Ereignisse im Leben der Menschen sind jedoch die dionysischen Mysterien: Die geheimen Riten werden nachts in Wäldern oder auf Bergen ausgeführt. Die Anhänger des Dionysos folgen in begeistertem Rausch dem Gott, schmücken sich mit Efeu und Rehfellen und mischen sich tanzend unter die Schar der Satyrn (Pferde in Menschengestalt) und Nymphen. Dionysos erscheint seinen Begleitern als Bock oder Stier.

Das mitgebrachte Tieropfer wird roh verzehrt. Da die geopferten Tiere der Erscheinung des Dionysos ähneln, schafft man auf diese Weise eine Verbindung zum verehrten Gott. Wer in die Mysterien eingeweiht ist, erlangt physische Stärke und Unverletzlichkeit. Vitale und kosmische Kräfte werden freigesetzt. Vor allem Frauen gehören zur Anhängerschaft des Dionysos.

## Darstellung

Dionysos wird meist als jugendlicher Gott, mit langen schwarzen Locken und weiblichen Zügen dargestellt. Sein Körperbau entspricht dem eines weichen unathletischen Jünglings. Gern wird Dionysos mit **Weinreben** und einem gefüllten **Weinkrug** gezeigt.

## Hades – Gott der Unterwelt

Bei der Aufteilung der Weltherrschaft wird Hades, dem Sohn des Kronos und der Rheia, die Unterwelt als Herrschaftsbereich zugesprochen. Zusammen mit seiner Frau Persephone kümmert er sich um die Seelen der Verstorbenen. Hades ist bei den Menschen verständlicherweise nicht besonders beliebt, da jeder weiß, dass es keine Rückkehr aus dem Reich der Toten gibt. Er wacht am Eingang zur Unterwelt, um jede Seele zu empfangen, und kennt kein Mitleid.

Sein Name bedeutet „der Unsichtbare", vielleicht nach dem legendären Helm, den er einst von den Zyklopen bekommen hatte, und der seinen Träger unsichtbar macht. In älteren Zeiten wurde er auch Aides genannt und in späteren Pluton. Letzterer Name bedeutet „der Reiche" und deutet darauf hin, dass er die Schätze der Unterwelt bewacht. Gemeint sind die wichtigen Metalle, die sich unter der Erde befinden.

Außer einem Tempel in Elis gibt es zu seinen Ehren keine Kultstätten. Seine Attribute sind eine **zweispießige Gabel** und sein **Wagen**, der von vier schwarzen Pferden gezogen wird. Auf Abbildungen trägt er häufig ein **Zepter**.

## Nicht olympische Götter

Außer den zwölf Olympiern werden in Griechenland eine Vielzahl anderer Götter bzw. Halbgötter verehrt, die nicht auf dem Olymp leben.

### Asklepios – der Gott der Heilkunde

Asklepios, den Sohn des Apollon und der Koronis, beschreibt Homer als außergewöhnlich kompetenten Arzt. Er erlernt sein Handwerk bei dem weisen Kentauren Cheiron (Fabelwesen mit menschlichem Oberkörper und Pferdeleib) und nimmt später die Stelle seines Vaters Apollon als Gott der Heilkunst ein. Mittelpunkt der kultischen Verehrung ist Epidaurus. Von dort breitet sich die Verehrung bis in den Peloponnes und nach Attika aus. Attribute des Asklepios sind **Schlange** und **Stab**. Das weibliche Gegenstück ist seine Tochter Hygieia (die Gesundheit).

### Eileithyia – die Göttin der Geburt

Eileithyia sind die Wehen der Frau vertraut, und sie kann diese beschleunigen oder verlängern. Sie ist die Tochter von Zeus und Hera. Eileithyia steht ihrer Mutter und Artemis sehr nahe. Ihr Name bedeutet wahrscheinlich „Die zu Hilfe kommt".

Die eifersüchtige Hera verzögert mithilfe von Eileithyia die Entbindung Letos und die Geburt des griechischen Helden Herakles. Der Kult der Geburtsgöttin war vor allem in Lakonien und auf Kreta verbreitet.

## Erinyen – die unterirdischen Rachegöttinnen

Die Rachegöttinnen **Allekto**, **Teisiphone** und **Megaira**, die jeden Frevel, etwa Mord, Falschaussage oder die Verletzung der Gastfreundschaft bestrafen, entstanden aus den Blutstropfen, die Gaia bei der Verstümmelung des Uranos durch Kronos aufnahm. Sie sehen abscheulich aus: Ihre Gesichter sind verzerrt und ihre Köpfe mit Schlangen bedeckt. Mit drohend geschwungenen Fackeln tauchen sie aus der Tiefe auf und verfolgen den Frevler durch die Welt. Vor allem Verwandtenmörder werden von den Erinyen in den Wahnsinn getrieben. Orestes, der Sohn des Agamemnon, ist ihr bekanntestes Opfer.

*Agamemnon*

In Athen werden die Erinyen in einer Kultstätte am Fuße des Aeropags verehrt.

## Eris – die Göttin der Zwietracht

Die Schwester des ungestümen Kriegsgottes Ares ist eine Göttin ohne Kult. Der Sage nach werden alle Götter zur Hochzeit des Peleus und der Thetis eingeladen, nur an Eris denkt man nicht. Aber die Göttin der Zwietracht weiß sich zu rächen. Sie wirft einen goldenen Apfel mit der Aufschrift „Der Schönsten!" unter die Gäste und löst damit einen Streit zwischen Hera, Athene und Aphrodite aus. Der trojanische Königssohn Paris schlichtet den Streit: Er gibt den Apfel Aphrodite, die ihm die schönste Frau versprochen hat. Die Entführung von Helena, sie ist diese schöne Frau, die Paris begehrt, löst den Trojanischen Krieg aus.

## Eros – Gott der Liebe

Eros ist Symbol der lustbetonten Liebe. In der Fantasie des Volkes lebt der Sohn von Aphrodite und Ares als geflügelter Knabe, der mit **Pfeil** und **Bogen** auf die Herzen der Götter und Menschen zielt, um sie ineinander verliebt zu machen. Er selbst verehrt Psyche, eine wunderschöne Königstochter. Diese ist so schön, dass selbst seine Mutter Aphrodite eifersüchtig wird. Deshalb schickt sie ihren Sohn aus, damit er dafür sorgt, dass Psyche sich in einen gewöhnlichen Sterblichen verliebt. Aber als Eros und Psyche sich begegnen, ist es um beide geschehen. Eros will jedoch sein Gesicht verbergen und nimmt ihr das Versprechen ab, ihn niemals unmaskiert anzusehen. Psyche verspricht dies zwar, aber ihre Neugier ist schließlich doch stärker. Eines Nachts, als Eros schläft, steht sie auf und entzündet eine Öllampe. Als sie sich über ihn beugt, um ihn besser betrachten zu können, tropft ein wenig heißes Öl aus der Lampe auf ihn. Eros wacht auf und verlässt sie, weil sie ihr Versprechen nicht gehalten hat. Psyche irrt verzweifelt umher. Schließlich kommt sie an Aphrodites Palast und diese sagt ihr zu, ihr zu helfen, wenn sie aus der Unterwelt ein Fläschchen Schönheitstropfen holt. Dem Mädchen gelingt es, die Tropfen zu besorgen, doch ihre Neugier

## ? Schon gewusst?

Eine Kopie des bogenspannenden Eros aus dem 4. Jh. v. Chr. steht heute in den Kapitolinischen Museen von Rom.

*Eros*

verführt sie, daran zu riechen: Die Tropfen duften so stark, dass sie leblos umsinkt. Eros findet sie und erweckt sie erneut zum Leben. Durch die anschließende Heirat macht Eros sie unsterblich.

### Helios – Gott der Sonne

Helios fährt jeden Tag auf seinem **goldenen Wagen** von seinem Palast im Osten über den Himmel, um in der Nacht auf einem von Hephaistos erbauten **Schiff** über den Ozean wieder zurückzukehren. Sein Wagen wird von vier Pferden gezogen: Pyrois, Eos, Aithon und Phlegon. Ausdruck der Macht sind seine Strahlen, die wie Geschosse wirken.

Der **Sonnengott** – Sohn des Titanen Hyperion und der Titanin Theia – sieht und hört alles, was geschieht und wird daher bei Gerichtsverhandlungen oft als

Zeuge geladen. Er besitzt sieben Rinder- und sieben Schafherden auf Thrinakia (Sizilien), wird aber vor allem auf Rhodos verehrt.

Als Licht- und Sonnengott ist Helios auch Herr des **Augenlichts**, der Blindheit zu heilen vermag. Häufig werden dem Olympier Apollon seine Fähigkeiten zugesprochen.

## Hekate – Herrin der Zauberei

Die Tochter des Titanen Perses und der Asteria ist besonderer Liebling des griechischen Volks. Hekate ist hilfreich und unheimlich zugleich, trägt eine **Fackel** und **Schlangen** im Haar. Jegliche **Zauberei** und **Giftmischerei** steht unter ihrem persönlichen Schutz.

Die Herrin des Zauber- und Hexenwesens findet vor allem bei Frauen Zuspruch. Hekate treibt nachts ihr Unwesen: Dann zieht sie mit ihren heulenden Hunden in wilder Jagd durch die Gegend und bringt jedermann Verderben, dem sie begegnet.

**! Späte Ehre**

Die Verehrung der Göttin Hekate stammt aus Kleinasien. Homer erwähnt sie in seinen Dichtungen noch nicht, erst in der *Theogonie* des Hesiod wird sie als allseits beliebte Göttin geschildert.

## Hermes – Gott des Handels und Götterbote

Hermes, der in einer Höhle des Berges Kyllene in Arkadien das Licht der Welt erblickt, ist Sohn des Zeus und der Maia. Der agile Gott, der ständig in der freien Natur unterwegs ist, wird zum Schutzherrn des Handels, des Hauses, der Reisenden und Wanderer. In dieser Funktion trägt er den Beinamen Propylais. Ihm zu Ehren werden die sogenannten Hermessäulen (Pfeiler und Hermesbüste) errichtet, die zur Straßenkennzeichnung dienen.

Hermes ist jedoch hauptsächlich Bote der Olympier. Er übermittelt Beschlüsse, führt Missionen aus und geleitet die Seelen der Verstorbenen in den Hades (Hermes Psychopompos).

Bei Homer trägt Hermes einen goldenen Stab: ein **Zauberstab**, mit dem der Gott die Menschen einschläfern, aber auch aufwecken kann. Später wird aus diesem Zauberstab der **Heroldstab** (Kerykeion) mit dem achtförmig verschlungenen Ende. Neben den **Flügelschuhen** und dem **Reisehut** gehört dieser Heroldstab zu den Attributen des **Götterboten**.

*Hermes mit Dionysoskind*

Seit alters her wird Hermes als Gott der Hirten verehrt. Pan, sein Sohn, übernimmt diese Funktion später mehr und mehr. Eine wesentliche Eigenschaft von Hermes ist seine Klugheit. Ihm werden eine Reihe von Erfindungen zugeschrieben, etwa das Feuerreiben oder die Leier. Er, der gern selbst musiziert, wird auch Schutzpatron der **Redner**.

**? Schon gewusst?**

Die Plastik *Hermes mit dem kleinen Dionysos* aus dem Heraion in Olympia wird dem berühmten Bildhauer Praxiteles zugeschrieben. Der Sage nach bringt der Götterbote den kleinen Dionysos zu den Nymphen von Nysa, die ihn aufziehen sollen. Die Statue aus Marmor zeigt einen schönen jugendlichen Hermes, der sich auf dem Wege zu den Nymphen ausruht.

## Hestia – Göttin des Herdes

Die Tochter des Kronos und der Rheia wird manchmal auch zu den olympischen Göttern gerechnet. Hestia ist Göttin des heiligen **Herdfeuers** und Beschützerin des **häuslichen Friedens**, der **Schutzflehenden** und des **Eides**. Vor jeder Mahlzeit wird ihr ein kleines Opfer dargebracht.

*Hestia mit Diana und Aphrodite*

## Horen – die Göttinnen der Jahreszeiten

Wie ihre Mutter, die Titanin Themis, wachen **Dike** (Recht), **Eunomia** (Gesetzlichkeit) und **Eirene** (Friede) über die menschlichen Rechtsordnungen. Bei Homer bewegen die Horen die Wolken, die den Olymp umgeben.

Als Göttinnen der Jahreszeiten werden sie von den Athenern auch **Thallo** (Göttin der Blüte), **Auxo** (Göttin des Wachstums) und **Karpo** (Göttin der reifen Frucht) genannt.

## ! Darstellung

Eine Marmorstatue (Kopie aus dem 2. Jh. n. Chr.) in der Münchener Glyptothek zeigt die Personifikation des Friedens – Eirene – mit dem Plutos-Knaben.

### Pan – der Wald- und Weidegott

Der Sohn von Hermes und einer Nymphe ist am ganzen Körper behaart, er hat **Ziegenhörner** und **Ziegenfüße**. Pan gehört als Spaßmacher zum Gefolge des Gottes Dionysos und stellt mit wahrer Begeisterung den Nymphen nach. Auf der Flucht vor Pan verwandelt sich die Nymphe Syrinx in einen Schilfrohrbusch. Der **Wald-** und **Weidegott** schneidet einige Rohre ab, legt sie an den Mund und wird auf diese Weise Erfinder der Hirtenflöte.

*Pan, der Waldgott*

Ursprünglich verehrte man den Gott der Hirten und Jäger in Gestalt eines Ziegenbockes in Arkadien. Die Athener führen seinen Kult nach der Flucht des Perserheeres bei Marathon ein, die sie ihm zuschreiben. Auf der Akropolis in Athen wird Pan zusammen mit den Nymphen in einer Höhle verehrt.

Die bekannte Marmorgruppe „Pan, Aphrodite und Eros“ vom Ende des 2. Jh. v. Chr. im Athener Nationalmuseum zeigt einen stämmigen bärtigen Pan, der sich begehrlich an die Liebesgöttin heranmacht, während ein kleiner Eros auf den derben Liebhaber zufliegt und ihn an seinem linken Horn packt.

## ? Schon gewusst?

Pan treibt gern Schabernack. So überrascht er oft Menschen oder weidende Tierherden und löst durch sein plötzliches Erscheinen den nach ihm benannten panischen Schreck aus.

### Selene – die Göttin des Mondes

Als Schwester und Ehefrau des Sonnengottes Helios repräsentiert Selene den **Mond** und muss ihn der Sage nach über den Himmel führen. Wenn am Abend der Wagen des Helios im Westen untergeht, steigt Selene aus dem Ozean empor. Mit dem Gespann zweier Pferde (oder zweier Rinder) umkreist sie den Nachthimmel. Sie ist **geflügelt**, ihr **weißes Gewand** schimmert, auf dem

Haupt trägt sie eine **Strahlenkrone**, aus der sich mildes Licht über Himmel und Erde ergießt. Ihren Leib hat sie im Ozean gewaschen. Eines Nachts schaut Selene der Sage nach herab und erblickt den Schäfer Endymion. Seiner Schönheit kann sie nicht widerstehen, sie verliebt sich auf der Stelle in ihn, legt sich zu ihm und vernachlässigt deshalb ihre nächtlichen Pflichten. Zeus, erzürnt über den dunklen Himmel, beschließt, Selene zu bestrafen, und lässt Endymion für immer schlafen. Doch selbst das tut der Liebe der Mondgöttin zu dem stattlichen Burschen keinen Abbruch, und bis heute stiehlt sich Selene jeden Monat ein paar Nächte davon, um ihren schlummernden Liebsten zu liebkosen. Dabei lässt sie den dunklen mondlosen Himmel zurück.

Selene gilt nicht nur als Personifikation des Mondes, sondern auch als Schutzherrin der **Zauberer**, die für das Sammeln der Heil- und Zauberkräuter das Mondlicht bevorzugen.

## Heroen

Neben den Göttern kennt die griechische Religion eine weitere übernatürliche Kategorie von Wesen, die Heroen, die eine Position in der Mitte zwischen Göttern und Menschen einnehmen. Sie scheint eine Art kleinster gemeinsamer Nenner im Verständnis von mythischen Kriegern wie Herakles und den Dioskuren, verblassenden Göttinnen wie Helena oder Kulturbringern wie Prometheus zu sein. Oft sind die Heroen wohlwollend gesonnen, doch können sie auch böswillig agieren und alle Arten von Krankheiten schicken. Im Vergleich zu den Göttern ist ihr Handlungsspielraum kleiner; ihr Kult konzentriert sich auf das Heroengrab. Oft sind die Grenzen zwischen Göttern und Heroen fließend und manche Heroen, wie beispielsweise Herakles, werden zeitweilig als Gott verehrt.

## Herakles – Held mit göttlicher Kraft

Wohl der beliebteste Held der Griechen war Herakles, Sohn von Göttervater Zeus und von Alkmene, Ehefrau des Amphitryon (Enkel des Perseus). Herakles galt in der Antike als Verkörperung von Kraft, Mut und Tapferkeit, als siegreicher Helfer, der durch Arbeit und ausdauernden Mut die Menschen von Leiden befreit, der aus der Not rettet. In dieser Funktion identifizierten sich später auch römische Kaiser (z. B. Commodus, der 180–192 n. Chr. regierte) mit Herakles bzw. Herkules (lat. Name). Die Philosophen betrachteten ihn als Vorbild der Tugend, der sich die Unsterblichkeit durch seine Leistungen mühevoll verdient hat. Ganz andere Charaktereigenschaften des Nationalhelden hatten Komödien und Satyrspiele zum Inhalt. Sie zeigten Herakles von seiner menschlichen Seite: ein Mann, der rasch aufbraust, gern isst und trinkt und auch dem weiblichen Geschlecht gegenüber nicht abgeneigt ist.

Der strahlende Held wurde seit dem 5. Jh. v. Chr. auch im römischen Reich verehrt. Seit Beginn des 4. Jh. v. Chr. ist die Teilnahme von Herkules an den römischen Lectisternien (Göttermahlzeiten) bezeugt. Der Held wurde zunächst für die griechischen Kaufleute in Rom, später allgemein ein Gott des Handels und des Verkehrs. 312 v. Chr. nahm der Censor Appius Claudius Caecus den beliebt gewordenen palatinischen Herkules in den Staatskult auf. Der römische Herkules erhielt die Beinamen Victor (Sieger) und Invictus (Unbesiegter).

## Geburt und Jugend

Vor der Geburt des Herakles verkündet Zeus, dass der bald geborene Nachkomme des Perseus in Zukunft über Mykene herrschen solle. Der eifersüchtigen Hera gefällt diese Vorstellung ganz und gar nicht. Sie hemmt die Geburtswehen Alkmenes und lässt zuerst Eurystheus, den Sohn von Nikippe und Perseussohn Sthenelaos, zur Welt kommen. Auf diese Weise wird Eurystheus Herrscher über Mykene.

Schon im zarten Alter von acht Monaten beweist Herakles, dessen Zwillingsbruder Iphikles einen Tag nach ihm geboren wurde, dass er göttliche Kräfte sein Eigen nennt. Als Hera eines Abends zwei riesige Schlangen in das Zimmer der Kinder schickt, zögert der mutige Säugling nicht lange. Während sein Bruder noch vor Angst schreit, packt Herakles die Schlangen mit seinen kleinen Händen und drückt ihnen solange den Hals zu, bis diese schließlich ersticken. Der Seher Teiresias, den der erstaunte Vater kommen lässt, prophezeit dem Kind eine ungewöhnliche Zukunft: gegen Ungeheuer, Meeresungetüme und sogar gegen Giganten werde er siegreich bestehen.

In Theben wird Herakles in den Künsten des Wagenlenkens, Bogenschießens, Fechtens, im Faustkampf und Ringen unterrichtet. Der lernbegierige Junge erweist sich als nicht besonders geduldig und hin und wieder schlägt auch seine unbeherrschte Art durch. Als ihn Linos, sein Lehrer im Kitharaspiel, einmal tadelt, erschlägt Herakles ihn kurzerhand mit der Leier. Amphitryon schickt seinen Sohn daraufhin auf den Kithairon zu seinen Rinderherden. Unter den Hirten wächst Herakles zu einem jungen Mann heran.

Bereits hier vollbringt er seine erste Heldentat. Als die Rinderherden von einem wilden Löwen angegriffen werden, zögert der 18-jährige Herakles nicht, dem König der Tiere entgegen zu treten und ihn zu erschlagen. Kurze Zeit später befreit Herakles die Thebaner von den schweren Tributleistungen des Königs von Orchomenos. Kreon, der König von Theben, gibt ihm zum Dank dafür seine Tochter Megara zur Frau.

Die Ruhmestaten des jungen Helden verbreiteten sich schnell. Auch Hera, noch immer eifersüchtig auf den Sohn ihres Ehemannes, erfährt von ihnen. Um Herakles Schaden zuzufügen, lässt sie ihn unter Wahnsinnsanfällen leiden. Die Folge: Herakles tötet in einem dieser Momente Ehefrau und Kinder. Als der furchtbare Wahnsinn von ihm weicht und er begreift, was er getan hat, überfällt ihn tiefe Trauer. In seiner Bekümmertheit wendet sich der Held an das Orakel von Delphi. Pythia spricht zu ihm: „Entsühnung für deine schreckliche Mordtat erlangst du nur, wenn du dich zwölf Jahre in den Dienst des Eurystheus stellst und die von ihm geforderten Taten erfüllst."

## Die zwölf Heldentaten

Herakles zögert nicht lange. Bewaffnet mit einer Keule, die er selbst geschnitzt hat, einem Schwert von Hermes und Pfeil und Bogen von Apollon geht er nach Argos zu König Eurystheus. Seine Taten (Dodekathlos) – viele sind noch heute in Erzählungen lebendig – machen den jungen Helden erst zu einem Lieblingshelden der Peleponnesier, später zum Nationalheros von ganz Griechenland:

**Der Nemeische Löwe:** Herakles soll als Mutprobe dem König Eurystheus das Fell des nemeischen Löwen, der in den Wäldern der Peleponnes haust, bringen. Das Fell soll unverwundbar machen. Herakles findet das von Typhon und Echidna gezeugte Untier und schießt Pfeile gegen ihn ab, die jedoch keinerlei Wirkung zeigen. Der Held drängt den Löwen deshalb in eine Höhle und erwürgt ihn schließlich mit seinen eigenen Händen. Herakles kleidet sich selbst mit dem abgezogenen Fell und trägt seitdem den Löwenkopf wie einen Helm.

**Die Hydra von Lerna:** Unter den Viehherden in Lerna richtet eine neunköpfige Wasserschlange schweren Schaden an. Herakles tritt der Plage für Mensch und Tier mutig entgegen: Einen Kopf nach dem anderen schlägt er der

Schlange ab. Doch für jedes abgeschlagene Haupt wachsen zwei neue Köpfe nach. Zudem eilt ein riesiger Krebs der Hydra zur Hilfe, der den Helden ins Bein beißt. Also tötet Herakles zunächst den Riesenkrebs, bevor er seinen Neffen Iolaos, der ihm bei diesem Abenteuer begleitet, um Hilfe bittet. Iolaos setzt den benachbarten Wald in Brand und Herakles vernichtet die Köpfe der Hydra mit Fackeln. Mit dieser List gelingt es ihm auch, den unsterblichen Kopf der Hydra vom Körper abzutrennen. Die Spitzen seiner Pfeile tränkt Herakles mit dem giftigen Blut (oder Galle) der Wasserschlange, sie verursachen fortan unheilbare Wunden.

**Die kerynitische Hirschkuh:** Die in Arkadien lebende Hirschkuh mit goldenem Geweih und ehernen Füßen soll lebend gefangen werden. Herakles hat seine Mühe mit dem Tier, das der Göttin Artemis heilig ist. Ein Jahr lang verfolgt der Held die Hirschkuh, schließlich fängt er sie ein, nachdem er sie mit einem Pfeil verletzt hat.

**Der erymanthische Eber:** Ein wilder und mächtiger Eber, der in seiner Wut so manchen Acker zerstört, soll unverletzt zur Strecke gebracht werden. Auf dem Weg zum Berg Erymanthos, wo der Eber sein Unwesen treibt, muss Herakles zunächst das Abenteuer mit Pholos und den Kentauren bestehen. Es kommt zu einem Kampf, bei dem Pholos durch einen giftigen Pfeil getötet wird. Schließlich findet der Held den Eber. Er jagt ihn durch den Schnee, bis dieser so erschöpft ist, dass Herakles ihn auf seinen Schultern zu Eurystheus tragen kann.

**Die stymphalischen Vögel:** Diese mächtigen und Menschen fressenden Raubvögel besitzen eherne Federn, die sie wie Pfeile auf Menschen und Tiere abschießen können. Sie leben im Sumpf von Stymphalos in Arkadien. Um sie aus ihrem Versteck im Wald herauszulocken, benutzt Herakles Kupferschellen, die ihm Athena gegeben hat. Die Schellen verursachen einen so großen Lärm, dass die Vögel erschreckt auffliegen. Geschickt tötet der Held einen nach dem anderen mit Pfeil und Bogen.

**Die Ställe des Augias:** Augias, der König von Elis, besitzt riesige Viehherden. Herakles soll dessen Ställe an einem einzigen Tage ausmisten. Im sicheren Glauben, dies sei an einem einzigen tag nicht zu schaffen, bietet ihm Augias ein Zehntel seiner Viehherden an. Herakles schreitet zur Tat: Er bricht riesige Öffnungen in die Mauern der Stallungen und leitet die Flüsse Alpheios und Penios hinein. Die Fluten spülen den gesamten Mist aus den Ställen.

**Der kretische Stier:** Eines Tages bittet König Minos von Kreta Poseidon um ein schönes Opfertier. Der Meeresgott lässt aus den Wellen einen herrlichen Stier aufsteigen. Minos kann sich von der Schönheit dieses Tieres nicht losreißen und opfert an seiner Stelle ein anderes Tier. Poseidon ist darüber so wütend, dass er den Stier wahnsinnig werden lässt. Auf Kreta treibt er seitdem sein Unwesen.

Diesen wilden Stier soll Herakles lebendig zu König Eurystheus bringen. Es gelingt ihm, den Stier zu zähmen und schließlich reitet er auf seinem Rücken durch das Meer nach Mykene zurück. Eurystheus will den Stier zu Ehren Heras opfern, diese lehnt ab und schließlich lässt man den Stier wieder frei.

**Die Pferde des Diomedes:** König Diomedes von Thrakien, ein Sohn des Ares, besitzt wilde, Menschen fressende Pferde. Herakles fordert vom König die Herausgabe der Tiere, doch dieser weigert sich. Also wirft der Held den König den Pferden zum Fraß vor. Auf diese Weise zähmt er sie und bringt sie schließlich zu Eurystheus.

**Der Gürtel der Königin Hippolyte:** Admete, die Tochter des Eurystheus, möchte den kostbaren Gürtel der Amazonenkönigin Hippolyte besitzen. Herakles wird beauftragt, ihn zu holen. Herakles wird von den Amazonen, die von seinen zahlreichen Ruhmestaten gehört haben, freundlich empfangen. Hippolyte ist sogar von sich aus bereit, ihm den Gürtel zu schenken. Doch die rachsüchtige Hera verwandelt sich selbst in eine Amazone, stiftet Unfrieden unter diesen und hetzt die kriegerischen Frauen gegen Herakles und seine Begleiter auf. Ein Kampf entbrennt, in dem die Amazonen unterliegen und Hippolyte stirbtd. Herakles segelt siegreich mit dem Gürtel nach Mykene zurück.

**Die Rinder des Geryoneus:** Der dreileibige Riese Geryoneus, ein Sohn der Gorgo Medusa, besitzt eine stattliche Rinderherde, die von dem riesenhaften Hirten Eurytionas und dem zweiköpfigen Hund Ortros bewacht wird. Herakles bekommt von Eurystheus den Befehl, die Rinder nach Mykene zu bringen. Auf seinem Weg dorthin muss er einige Abenteuer bestehen. Schließlich erreicht der Held die Insel Eurytheia. Er erschlägt mit seiner Keule Hirten und Hund und treibt die Rinderherde nach Mykene.

**Die Äpfel der Hesperiden:** Herakles erhält vom König Eurystheus den Auftrag, drei goldene Äpfel aus dem Garten der Hesperiden zu holen. Auf seinem Weg dorthin besiegt er den Riesen Antaios, tötet den brutalen Ägypterkönig Busiris und befreit Prometheus.

**Kerberos:** In seinem letzten und gefährlichsten Abenteuer soll Herakles den Höllenhund Kerberos aus der Unterwelt holen. Kerberos, ein dreiköpfiges Ungeheuer, bewacht den Eingang zur Unterwelt, damit niemand zu den Lebenden fliehen kann. Es gelingt Herakles, in den Hades zu gelangen. Der Gott der Unterwelt erlaubt ihm, Kerberos mitzunehmen, stellt ihm jedoch die Bedingung, dass er dem Höllenhund nur waffenlos begegnen dürfe. So ringt Herakles mit bloßen Händen mit dem Tier, würgt es, bis es schließlich ohnmächtig wird. Gefesselt bringt er es auf seine Schultern zu dem Mykenerkönig. Eurytheus erschreckt beim Anblick des schrecklichen Ungeheuers und da niemand weiß, was mit Höllenhund geschehen soll, bringt Herakles ihn schließlich am Ende in die Unterwelt zurück.

**? Schon gewusst?**

Auch nach seinem Dienst bei dem König Eurytheus vollbringt Herakles noch eine ganze Reihe von Heldentaten. Erst nach seinem irdischen Tod wird er in den Kreis der göttlichen Olympier aufgenommen und erhält dort Hebe zur Ehefrau.

## Prometheus – Wohltäter der Menschen

Dem Sohn des Titanen Iapetos und der Okeanide Klymene haben die Menschen nicht nur das Feuer zu verdanken, er unterwies sie auch in anderen Künsten und Kunstfertigkeiten. Im Gegensatz zu den übrigen Titanen kämpfte Prometheus nicht ausschließlich mit rein physischer Kraft gegen den Vater aller Götter, sondern versuchte, diesen mit List und Schlauheit zu stürzen.

Anlässlich eines Opfers in Mekone versucht Prometheus, den Göttervater zu überlisten, indem er das gute Fleisch in einem Rindermagen versteckt und ihm die Knochen in Fetthaut verhüllt zur Wahl vorsetzt. Zeus, der den Betrug erkennt, bestraft dafür die Menschen. Er entzieht ihnen das Feuer. Prometheus raubt jedoch einige Funken vom himmlischen Herdfeuer und gibt sie den Menschen. Zeus rast vor Wut und sendet mit Pandora weiteres Unheil. Die wunderschöne Jungfrau ist mit einer unheilvollen Gnade ausgestattet: Sie besitzt ein Tongefäß, in dem alle Übel und Krankheiten eingeschlossen sind. Die Brüder des Prometheus, Atlas, Menoitios und Epimetheus, nehmen die wunderschöne Pandora in ihrem Haus auf und erhalten für diesen Beweis ihrer Gastfreundschaft das Tongefäß. In ihrer Gutgläubigkeit öffnen sie es und blitzschnell verbreiten sich alle üblen Krankheiten auf der Erde.

Doch Zeus will nicht nur die Menschen, sondern auch Prometheus selbst bestrafen. Auf seinen Befehl hin wird er an den Kaukasus geschmiedet, wo ihm ein Adler Tag für Tag die nachts ständig nachwachsende Leber abfrisst. Seine Qual dauert so lange, bis Herakles ihn von seinem Peiniger, dem Adler, befreit.

Dass Prometheus die Menschen in Kunst und Wissenschaft unterrichtete und ihnen das Feuer übergab, wurde nicht vergessen: In Athen wurde er vor allem von Töpfern als Schutzpatron verehrt, ihm zu Ehren fanden an der Promethia Fackelläufe statt, bei denen man neues Feuer vom Altar des Prometheus in die Stadt brachte.

In der Theogonie Hesiods erscheint Prometheus als trotziger Frevler gegen Zeus, während Aischylos ihn als Schöpfer und Wohltäter der Menschen, der sich gegen Zeus auflehnt, gestaltet. Unter den Göttern steht Prometheus in enger Beziehung zu Hephaistos, dem Feuer- und Schmiedegott.

## Theseus – Ruhmestaten für Athen

Theseus, ein athenischer Nationalheld, Sohn des mythischen Athenerkönigs Aigeus und der Aithra, wurde von seinem Großvater Pittheus in Troizen erzogen. Aigeus hatte bei seinem Abschied von Troizen Schwert und Sandalen unter einem schweren Felsblock versteckt und Aithra beauftragt, den Sohn nach Athen zu schicken, wenn er im Stande sei, den Stein wegzuwälzen.

Schon im zarten Jünglingsalter war Theseus mit großer Körperkraft ausgestattet. Seine Mutter führte ihn deshalb zum Felsen und forderte ihn auf, den Stein fortzustemmen. Gesagt, getan: Theseus schiebt den Stein beiseite, zieht sich die väterlichen Sandalen an, bindet sich das Schwert um und macht sich auf den Weg nach Athen, um seinen Vater aufzusuchen. Unterwegs besteht er eine Reihe von Abenteuern.

## Theseus Abenteuer

Auf dem Weg nach Korinth trifft er Periphetes, dessen Waffe, eine eisenbeschlagene Keule, in der Lage ist, Menschen zu Boden zu schmettern. Als der „Keulenschwinger“ Theseus kommen sieht, versperrt er ihm den Weg. Theseus jedoch stürzt sich mutig auf ihn und erschlägt ihn nach einem kurzen Kampf. Seitdem trägt er selbst die Keule als Waffe.
Auf dem Isthmus von Korinth trifft Theseus den Riesen Sinis, einen Wegelagerer mit der Gewohnheit, zwei Fichten niederzubeugen, seine Opfer dazwischen zu binden und von den hoch schnellenden Bäumen zerreißen zu lassen. Als der Unhold nun mit Theseus genauso verfahren will, schlägt der ihn mit seiner eigenen diabolischen Waffe: Er lässt Sinis von den Fichten in der Luft zerreißen.

Theseus, der es gern Herakles gleichtun möchte, trifft auf Skiron. Der Riese zwingt alle Wanderer, ihm die Füße zu waschen. Danach stürzt er sie mit einem Fußtritt über den Felsen hinab, wo sie – die Vollendung des Grauens – von einer Riesenschildkröte gefressen werden. Theseus tötet den Riesen mit seiner Keule.
Zuguterletzt begegnet ihm der Straßenräuber Prokrustes. In seinem Haus gibt es zwei Betten, ein sehr kurzes und ein sehr langes. Nimmt er einen sehr kleinen Menschen in heuchlerischer Gastfreundschaft auf, bietet er ihm das große Bett an. Dann streckt Prokrustes sein Opfer, um es der Länge des Bettes anzupassen – eine qualvolle Prozedur, die stets zum Tode der Betroffenen führt. Kommt jedoch ein sehr großer Mensch, so legt er ihn in das kleine Bett und hackt ihm die überstehenden Körperteile ab, damit sein Opfer ins Bett passt. Für seine grausamen Taten lässt Theseus Prokrustes auf die gleiche Weise büßen.

Schließlich erreicht Theseus Athen, wo er auf seinen Vater trifft, der ihn glücklich aufnimmt. Zum Wohle Athens vollbringt der junge Held einige Heldentaten, unter anderem bändigt er den marathonischen Stier, den einst Herakles aus Kreta mitbrachte.

Theseus größtes Abenteuer ist jedoch eine Fahrt nach Kreta: Zu jener Zeit lastete ein schweres Ungemach auf Athen. Jahre zuvor hatte König Minos von Kreta die Athener im Krieg besiegen können. Alle neun Jahre mussten diese seither jeweils sieben Jünglinge und Jungfrauen auf die Insel schicken, wo sie dem Minotaurus geopfert wurden. Der Minotaurus – halb Stier, halb Mensch – hauste in einem Labyrinth, das von dem berühmten Daidalos erbaut worden war. Um dieser Schande ein Ende zu machen, ist Theseus bereit, die Fahrt nach Kreta anzutreten.

Dort gewinnt er die Liebe der Ariadne, einer Tochter von Minos. Bevor Theseus ins Labyrinth des Minotaurus geführt wird, gesteht Ariadne ihm ihre Liebe und verspricht ihm ihre Hilfe, wenn er sie später als Ehefrau nach Athen nitnehme. Theseus, angetan von der Schönheit der Minostochter, zögert nicht und gibt Ariadne das gewünschte Versprechen. Sie bedankt sich mit einem geweihten Schwert und einem Wollknäuel, das er am Eingang festbinden und dann ablaufen lassen soll, um aus dem Irrgarten wieder herauszufinden.

Voller Zuversicht betritt der Held das Labyrinth. Mit dem Schwert erschlägt er den Minotaurus und findet mit Hilfe des Wollfadens ans Tageslicht zurück. Athen feiert ihn daraufhin als Helden.
Nach dem Tode des Aigeus wird Theseus König von Athen und erwirkt den Zusammenschluss der bis dahin politisch getrennten attischen Gemeinden. Er stiftet eine Reihe von Festen, etwa die Oschophorien und die Pyanopsien.

Seine Heldentaten gehen weiter. Er nimmt am Argonautenzug, am Kentaurenkampf und an der Kalydonischen Jagd teil. Gemeinsam mit dem Lapithenkönig Peirithoos entführt Theseus die junge Helena aus Sparta, die später von ihren Brüdern wieder befreit wird. Mit Peirithoos dringt er sogar in die Unterwelt ein, um die Göttin Persephone zu entführen. Hades lässt beide daraufhin an einem unterirdischen Felsen festwachsen. Während Theseus später von Herakles befreit wird, muss der Lapithenkönig für immer im Hades bleiben.

Der attische Nationalheld war in der Antike weit über die Grenzen Athens bekannt. Das Schatzhaus der Athener in Delphi stellte die Taten des Theseus und des Herakles einander gegenüber.

## Perseus – Bezwinger der Medusa

Perseus ist Sohn von Zeus und Danae. Da ein Orakel seinem Großvater Akrisios weissagt, er werde von der Hand eines seiner Enkel sterben, sperrt Akrisios seine Tochter in ein unterirdisches Gemach. Dort nähert Zeus sich ihr in Gestalt eines durch das Dach tröpfelnden Goldregens. Die Folge: Danae bringt Perseus zur Welt. Als Akrisios davon erfährt, lässt er Danae und Perseus in einem Kasten auf dem Meer aussetzen. Die beiden treiben bei der Insel Seriphos an Land und werden dort von dem Fischer Diktys gerettet. Diktys übernimmt fortan die Erziehung von Perseus.

Polydektes, König der Insel Seriphos, verliebt sich in Danae und versucht eifersüchtig Perseus zu beseitigen. Er beauftragt ihn, das Haupt der Gorgo Medusa zu erbeuten, und hofft, dass ihr versteinernder Blick ihn töten werde. Mit Hilfe von Athena, Hermes und den Graien (Meeresungeheuer) verschafft sich Perseus die für dieses Abenteuer nötigen Utensilien, nämlich die Tarnkappe, eine Zaubertasche (Kibisis) und Flügelschuhe. So ausgestattet macht er sich auf den Weg zur Gorgo Medusa. Er trifft sie schlafend am Ufer des Okeanos an. Um sich vor dem versteinerndem Anblick der Gorgo zu schützen, nähert sich ihr Perseus, indem er ihr Spiegelbild in seinem ehernen Schild beobachtet. Mit dem sichelförmigen Schwert des Hermes schlägt er ihr das Haupt ab und steckt es in die Zaubertasche. Aus dem Rumpf der Gorgo entspringt der geflügelte Pegasus. Der Verfolgung durch die beiden anderen Gorgonen Stheno und Euryale entzieht sich perseus, indem er seine Tarnkappe aufsetzt.

Auf dem Rückweg besteht Perseus sein zweites berühmtes Abenteuer: Er gelangt an die Küste Äthiopiens, wo zu damaliger Zeit König Kepheus herrscht. Dort trifft er auf die wunderschöne Andromeda, die an einen Felsen gefesselt, einem von Poseidon geschickten Meeresungetüm geopfert werden soll. Dieses Opfer soll Menschen und Vieh vor einer Sturmflut bewahren. Perseus tötet das Ungeheuer, indem er sein Schwert tief in dessen Rücken hineinsticht und befreit Andromeda. Als Verlobte ziehen sie glücklich in den Palast des Kepheus ein. Doch schon kurze Zeit später macht Phineus, ein Bruder des Kepheus, ältere Rechte auf Andromeda geltend. Perseus tötet seinen Gegner, indem er ihn mit Hilfe des Gorgonenhauptes zu Stein werden lässt. Nach ihrer Hochzeit kehren Perseus und Andromeda nach Seriphos zurück. Polydektes wird durch das Gorgonenhaupt versteinert

## ! Zweite Wahl

Nicht alle Götter werden bei den religiösen Zeremonien gleich behandelt. So müssen weniger beliebte wie beispielsweise Eileithyia, Ares und Hekate schon einmal mit billigen Opfertieren vorlieb nehmen. Ihnen reicht man keine hoch geschätzten Rinder, Ziegen oder Schafe, sondern einfach Hunde.

und der Fischer Diktys zum Herrn über Seriphos gemacht. Perseus herrscht später über Tyrens und gilt der Sage nach als Gründer der Städte Mideia und Mykene. Das Gorgonenhaupt schenkt Perseus der Göttin Athene, die es fortan inmitten ihrer Ägis (Schild) trägt.

## Religiöse Rituale

Religiöse Rituale waren für die politische und gesellschaftliche Organisation der griechischen Stadtstaaten von hoher Bedeutung. Es gab unzählige Bräuche, die fest in den Alltag der Menschen eingebunden waren: Gebete, Tieropfer, Prozessionen, Tänze, musikalische und sportliche Wettkämpfe.

### Gebete

Anders als z. B. in der christlichen Religion ruft man das Gebet laut heraus. Man dankt dem Himmlischen nicht für eine erfüllte Bitte, sondern ehrt und lobt ihn. Stehend, mit erhobenen Händen, wird die Gottheit angerufen, häufig wird eine Hymne vorgetragen oder gesungen. Das griechische Gebet gliedert sich in der Regel in drei Teile: die **Anrufung** des Gottes, die **Beglaubigung** (der Betende erklärt, welche Dienste er der Gottheit bereits erwiesen hat) und das **Bittgesuch** (Bitte um praktische Hilfe).

### Tieropfer

Zu den religiösen Zeremonien zählt das Tieropfer. Es stärkt das Gefühl der Verbundenheit, denn die an diesem Ritual beteiligten Menschen verzehren gemeinsam das geschlachtete Tier, nur ein Teil der Nahrung wird den Göttern geopfert. Die Menschen sind davon überzeugt, dass die Himmlischen sich unter ihnen befinden. Derartige Bräuche sind meist recht gesellige Feiern, mit dem archaischen Sühneopfer haben sie nichts mehr zu tun.

Die Auswahl des Tiers spielt bei diesem Ritual eine ganz entschei-

*Griechischer Tempel in Segestia*

dende Rolle. Besonders geschätzt werden **Rinder**, aber auch **Ziegen** und **Schafe** opfert man den höchsten Göttern, um sie zu ehren.

### Prozession

Die wohl bedeutendsten Opferprozessionen finden im Zusammenhang mit Tieropfern statt. Der Wert des Tieres und die Frömmigkeit der Menschen werden öffentlich bekundet. Daneben existieren eine Vielzahl anderer Formen, etwa die Hochzeitsprozession, die Teil der öffentlichen Eheschließung ist.

## Feste

Jeder griechische Stadtstaat wurde von einer besonderen Gottheit beschützt, die ihren eigenen Tempel und ihre eigenen Festlichkeiten besaß. Die Feiern, eine Mischung aus religiöser Handlung und ausgelassenen geselligem Treiben, waren fester Bestandteil der Götterkulte.

### Panathenäen

Am höchsten Feiertag in Athen nimmt die Bevölkerung lebhaft teil. Dieses Fest wird zur besonderen Verehrung der **Schutzgöttin Athene** gefeiert, unter deren Beistand einst Theseus die Bewohner von Attika zu einem gleichberechtigten Volk verschmolzen hatte. Dieses Fest wird jährlich sechs Tage lang gefeiert – jedes vierte Jahr aber in einer besonders feierlichen Form. Wettkämpfe zu Fuß und zu Pferd, Chorreigen, Fackelläufe, begeisterte Vorträge homerischer Gesänge und musische Spiele wechseln sich im eigens von Perikles (Mitte des 5. Jh. v. Chr.) erbauten Odeion ab. Am Schluss der Feier steht der große Festzug vom Kerameikos auf die Akropolis zum Heiligtum der Athene. Freigelassene und Schutzverwandte schmücken bereits vorher die Agora; ihre Frauen und Töchter tragen Schalen zum Opfer oder Sessel für die Frauen und Töchter der Bürger. Diese haben Körbe mit Opfergerät bei sich. In ihrer Mitte befindet sich ein künstliches Schiff auf Rollen, dessen Segel aus einem gewebten und bestickten Gewand für das älteste Bild der Göttin besteht. Die hohen Staatsbeamten und andere angesehene Athener folgen mit Ölzweigen bekränzt, schließlich die übrige Bürgerschaft und zuletzt die athenische Jugend im Waffenschmuck.

**! Parthenonfries**

Szenen aus der Panathenäenprozession und die Göttin Athene selbst beim Empfang der Geschenke sind auf dem Parthenonfries, einem Werk des Pheidias aus dem 5. Jh. v. Chr., dargestellt.

## Tesmophorien

Hauptfest des **Demeter-Kultes** sind die Thesmophorien, ein weibliches Fruchtbarkeitsfest, bei dem den Männern die Teilnahme verwehrt ist. Die Tesmophorien finden alljährlich im Spätherbst zur Zeit der Aussaat in Athen statt. An drei (andere Quellen sagen fünf oder zehn) Tagen feiern die Frauen Griechenlands dieses Fest zu Ehren der Demeter. Die Tage haben eigene Namen: **Anodos** (Hinaufsteigen, Aufstieg), **Nesteia** (das Fasten) und **Kalligeneia** (schöne Geburt).

*Diskuswerfer*

Am ersten Tag marschieren die Frauen mit ihrer Ausrüstung, den Nahrungsmitteln und Opfertieren zum Tempel der Demeter und schlagen dort ihr Lager auf. An diesem Tag erinnern sie sich an die Rückkehr und den Aufstieg der Persephone aus der Unterwelt. Am zweiten Tag fasten die Teilnehmerinnen und am dritten Tag finden Opfer und Festmahl statt.

Bestimmte Frauen, die „Schöpferinnen", holen aus Gruben, in denen sich Schlangen winden, die Überreste von Ferkeln, Gebäckstücke in Schlangen- und Phallenform und Kiefernzapfen, um diese als Düngemittel auf den Altar zu legen und später dem Saatgut beizumischen.

## Anthesterien

Am drei Tagen im Februar steht Athen im Zeichen der Feiern zu Ehren des **Dionysos**, wobei jeder Tag seinen eigenen Namen trägt. Am ersten Tag, dem **Pithoigia**, werden die Weinfässer zum ersten Mal geöffnet und der neue Wein verkostet. Am zweiten Tag, dem **Choen**, finden verschiedene Riten statt, unter anderem ein von Spottgesängen begleiteter Wagenumzug und die „Heilige Hochzeit der Basilinna mit Dionysos". Höhepunkt des Tages ist ein Festmahl mit einem Wetttrinken, zu dem der Priester angesehene Bürger der Stadt bittet. Am dritten

Tag, dem **Chytren**, wird in speziellen Töpfen Getreide für die Toten gekocht. Diese Speise ist Hermes und den Opfern der Sintflut gewidmet.

### Lenäen

Alljährlich im Januar feiert man in Athen die Lenäen zu Ehren des **Dionysos**. Der Name stammt von den Lenai, einem Chor rasender Dionysosdienerinnen. Im Laufe der Festivitäten werden fünf Komödien, zwei Tragödien und ein Satyrspiel aufgeführt.

### Große Dionysien

Das bekannteste Fest zu Ehren des Weingottes **Dionysos** sind die Großen Dionysien, die jedes Jahr im März stattfinden. Die Aufführung von Gesängen und Theaterstücken stehen im Mittelpunkt der Ereignisse. Am Vorabend des Festes wird das Bild des Dionysos in einer feierlichen Prozession unter Begleitung von Fackeln und Phallen zum alten Dionysosheiligtum am Südhang der Akropolis getragen.

### Hyakinthien

Auf dem Peloponnes werden in Amyklai unweit von Sparta zu Ehren des vorgriechischen Vegetationsgottes **Hyakinthos**, später zu Ehren **Apollons** die Hyakinthien gefeiert. Der Sage nach sind sie von Apollon selbst eingeführt worden, nachdem er durch einen unabsichtlichen Wurf mit seinem Diskus den schönen Hyakinthos getötet hatte. Die ersten Tage bringen eine Zeit der Trauer, dann folgen Wettspiele, Festzüge von Jünglingen und Jungfrauen, Mahlzeiten, an denen auch die sonst verachteten Sklaven teilnehmen dürfen, und andere Lustbarkeiten. So ehrt man das Sterben und Wiederaufleben des Hyakinthos, dessen Grab im Tempel Apollons zu Amyklai gezeigt wird.

### Karneen

Die Erinnerung an das frühere Lagerleben sollen die alljährlich im August in Sparta stattfindenden Karneen wachrufen. Die Bürger speisen zusammen unter schattigen Lauben, während zugleich Opfer und musische Wettkämpfe die neuntägigen Feiern umrahmen.

### Nationale Spiele

Das antike Griechenland kennt große Wettkämpfe (Agonen), die nicht einzig in einem Stadtstaat, sondern im gesamten von Griechen besiedelten Gebiet in höchstem Ansehen stehen und darum panhellenisch genannt werden. Zu diesen Festen gehören die **Olympien**, **Isthmien**, **Pythien** und **Nemeen**.

Bis 394 n. Chr. beherbergt die geweihte Stätte von Olympia in Elis im ummauerten heiligen

Bezirk des Zeushaines die Olympischen Spiele. Die ältesten aufgezeichneten Siegerlisten stammen aus dem Jahr 776 v. Chr.

Der religiöse Charakter des Festes, das den verehrten Göttern Zeus und Hera geweiht ist, zeigt sich in der vorgeschriebenen Waffenruhe dieser Tage. In der Nähe von Delphi sind von 586 v. Chr. bis 396 n. Chr. die dem pythischen Apoll gewidmeten Pythien beheimatet. Nach den sportlichen und musischen Wettkämpfen wird Apoll ein Opfer gebracht. In der Nähe Korinths feiert man alle zwei Jahre zu Ehren des Poseidon die Isthmien und für Zeus Nemeios die Nemeen.

## Mysterienkulte

Neben der offiziellen homerischen Religion der Städte mit ihren Festen und Opferprozessionen existierten die Mysterienkulte, die dem Einzelnen zusätzliche Sicherheit im Diesseits und Jenseits versprachen. Die Kultform der Mysterien war in ganz Griechenland verbreitet. Mysterienkulte gab es außer für **Dionysos** auch für zwei ägyptische Götter, **Isis** und **Osiris**, und für **Mithras**, einen persischen Gott. Es existierten die Eleusinischen Mysterien für die Korngöttin **Demeter** und ihre Tochter **Persephone** und ein Kult für **Meter**, die kleinasiatische Göttermutter, auch Magna Mater genannt.

### ? Schon gewusst?

Die Mysterienkulte wurden in Griechenland von der Gesellschaft weder unterstützt noch unterdrückt, sie unterschieden sich in ihrer gesellschaftlichen Stellung kaum von den gewöhnlichen öffentlichen Kulten.

### Eleusinische Mysterien

Die Göttin **Demeter** hatte die Eleusinischen Mysterien eingeführt, die in Griechenland fast 2000 Jahre lang gefeiert wurden. Erst im Jahr 396 n. Chr. wurde dieses älteste religiöse Zentrum Europas in Eleusis zerstört. In den Eleusinischen Mysterien, an denen ein Grieche nur ein einziges Mal im Leben teilnehmen durfte, und die von Philosophen, Dichtern und Politikern als Höhepunkt eines Lebens beschrieben wurden, vermittelte die Göttin der Fruchtbarkeit den Teilnehmern das Mysterium von Geburt und Tod: die Kunst, sich am Leben zu erfreuen und zu sterben, ohne den Tod fürchten zu müssen.

Durch die Initiation, die sich aus den Kleinen Mysterien (Frühjahr) und den Großen Mysterien (Herbst) zusammensetzte, erlangten die Menschen eine besondere

> **! Öffentlicher Kult**
>
> Größere Heiligtümer standen im Allgemeinen unter der Leitung derjenigen Gemeinwesen, in deren Hoheitsgebiet sie lagen. Der öffentliche Kult mit seinen zahlreichen Festen war in Griechenland Teil der politischen Ordnung, und in Athen führte einer der höchsten Staatsbeamten die Aufsicht.

Seligkeit nach dem Tod. Die athenischen Gesetze verlangten bei Androhung der Todesstrafe ein absolutes Schweigen über die Vorgänge in Eleusis.

## Tempel und Heiligtümer

Bevor im 8. Jh. v. Chr. Tempel wie der Parthenon auf der Athener Akropolis gebaut wurden, verehrte man die Götter in Heiligtümern. Diese bestanden aus einem **temenos**, einem für Götter reservierten Landstück, einer Wasserstelle, Schluchten oder Höhlen, einem Baum oder Hain, einem Stein und einem Altar. Priester bewachten die Schätze des Heiligtums und brachten Opfer zu Ehren der Gottheit dar. Dort, wo Priester fehlten, konnten die Gläubigen selbst das Opfer vollziehen.

Für die Tempel blieb der Typus des altertümlichen Herrenhauses (Megaron) mit seinem rechteckigen Raum und der offenen, in der Front von Säulen getragenen Vorhalle bestimmend. Er war die Wohnstätte des verehrten Gottes, nicht Versammlungsort der Gläubigen. Der Altar stand meist an der Eingangsseite des Tempels; Weihgeschenke legte man in der Umgebung des Heiligtums und in besonderen Schatzkammern ab. Es galt als schwerer Frevel, diese zu entfernen.

Tempel und Heiligtümer waren nicht nur dazu da, Götter anzurufen oder Opfer zu bringen. Geopfert wurden Tiere, aber auch Feldfrüchte, Kuchen und vieles mehr. Sie erfüllten aber noch weitere Aufgaben. Sie galten vor allem als sichere Orte, die unter dem Schutz der Götter standen. Sie boten politisch Verfolgten, Sklaven und Verbrechern Zuflucht und Asyl. Einige Tempel bewahrten Gesetzestexte auf und hatten damit die Funktion von Archiven. Sie dienten schließlich der Weihung von Votivgaben. Kleine und große Standfiguren, Teile der Ernte oder des Handelsgewinns, Gerätschaften, Tontöpfe und andere zum Teil merkwürdige Dinge sammelten sich im Laufe der Zeit in ihnen an.

# Römische Mythologie

Für das Aufkeimen der römischen Gottesverehrung und Religion bildet die Verschmelzung altitalischer, etruskischer und griechischer Glaubensvorstellungen den Nährboden. Im Verständnis der gottesfürchtigen Römer steht das ganze Leben unter dem Schutz der Götter. Kein privater oder öffentlicher Bereich wird ausgespart, um den überirdischen Gönnern Dank und Respekt zu erweisen. Die Verehrung der Götter durch Gebet, Opfer oder Weihgaben unterliegt strengsten Regelungen, über deren Einhaltung eine privilegierte Priesterschaft sorgsam wacht.

*Forum Romanum*

## Das Verhältnis zu den Göttern

Ein inniges Verhältnis zwischen Himmlischen und Menschen, das im antiken Griechenland noch selbstverständlich gewesen war, kann im Römischen Reich nicht entstehen, da „Verträge“ den Umgang miteinander regeln. Die Religion erschöpft sich in ängstlicher Einhaltung des Kultes, denn die geringste Abweichung von überlieferten Zeremonien und Bräuchen gilt als Herausforderung des göttlichen Zornes. Dem zugrunde liegt die Vorstellung von Göttern als *numen.* Mit Numen wird alles bezeichnet, was übernatürliches Handeln und Wirken erkennbar werden lässt. Die Strenge und der Formalismus der römischen Religion ist auf etruskischen Einfluss zurückzuführen, der Mythenreichtum wird von den Griechen übernommen.

Im Gegensatz zur griechischen Mythologie ist die römische weniger Fiktion als vielmehr eine Darstellung der Frühgeschichte des römischen Volkes. Die Götter spielen nur am Rande eine Rolle. Die frühesten Berichte von römischen Schriftstellern und Geschichtsschreibern stammen aus der Zeit um Christi Geburt. Mit der Gründung Roms und dessen Geschichte beschäftigt sich Titus Livius (59 v. Chr.–17 n. Chr.) in seinem Werk *Ab urbe condita*. Vergil (70 v. Chr.–19 n. Chr.) schildert in seinem Epos *Aeneas* dessen Abenteuer. Die *Metamorphosen* beweisen Ovids (43 v. Chr. –18. n. Chr.) außergewöhnliches Erzähltalent. In lebendiger Weise schildert er römische wie griechische Mythen.

*Vergil bei Ritter Maeceneas, Gemälde*

## Ursprünge der römischen Religion

In der ältesten Zeit (ca. 10.–6. Jh. v. Chr.) ist die römische Religion bäuerlich geprägt. Aus dem Glauben an Kräfte, deren Wirksamkeit man in der Natur beobachten kann, entwickelt sich der Glaube an die Götter.

### Altitalische Bauernreligion

Im Mittelpunkt der altitalischen Bauernreligion stehen Vegetationskulte, deren Riten vom Familienvater (Pater Familias) vollzogen werden. Haine, Höhlen, Quellen, Grotten und Waldlichtungen sind die heiligen Stätten dieser frühen Zeit. Die Kultstätte ist das **Sacellum**, ein eingefriedeter Platz, auf dem sich meist ein Altar befindet. In der patriarchalisch strukturierten Welt ist der König Oberhaupt des Staatskultes, der **Pater Familias** Oberhaupt von Familie und Privatkult.

Allgegenwärtig sind nur die Götter: **Mater Matuta** überwacht die Geburt, **Silvanus** schützt den Wald, **Ops** hat ein Auge auf die Ernte, für die Tiere sorgt **Faunus**, **Saturnus** bewacht die Aussaat, **Flora** und **Pomona** kümmern sich um Blumen und Obst, für die Fruchtbarkeit von Mensch und Tier ist **Liber** zuständig, **Seia**, **Segetia** und **Tutulina** bewahren das Korn in der Erde und Tellus spendet Fruchtbarkeit. Die Liste der Gottheiten ließe sich beliebig fortsetzen.

## Etruskische und griechische Einflüsse

Unter dem Einfluss der im 6. Jh. v. Chr. aus Kleinasien einwandernden Etrusker übernehmen die Römer auch die Vorstellungen von personifizierten Gottheiten. Erst jetzt ist die Darstellung von Göttern in Bildern und Statuen möglich und die ersten Tempel werden gebaut.

*Etrusker, Relief*

staatlichen Charakter an. Während die Privatkulte weiterhin in der Obhut des Pater Familias liegen, werden die heiligen Handlungen der Staatskulte fortan von Priestern vollzogen.

Auf Betreiben der etruskischen Könige (von 750–510 v. Chr. sollen insgesamt sieben Könige über Rom geherrscht haben: Romulus, Numa Pompelius, Tullius Hostilius, Ancus Marcius, Tarquinius Priscus, Servius Tullius und Tarqunius Superbus) entwickelt sich in Rom eine Stadtgesellschaft. Gleichzeitig tritt Rom die politische Vormachtstellung in Latium an. Viele der bis dahin privat vollzogenen Kulte nehmen damit

Fremde Götter aus Etrurien und dem griechischen Kulturkreis treten an die Seite von einheimischen Göttern oder beginnen mit diesen zu verschmelzen. Allerdings besitzen die Römer die große Fähigkeit, den übernommenen Gottheiten eine eigene Prägung zu geben.

217 v. Chr. findet die Übernahme der Götter Griechenlands schließlich ihren Abschluss. Das Zwölfgöttersystem manifestiert sich: Die olympischen Gottheiten der griechischen Mythologie sind fortan unter römischen Namen eingebürgert.

### ! Ende des Götterkultes

Ende des 1. Jh. v. Chr. verlieren die Götter immer mehr an Bedeutung. Zu dieser Zeit erfreuen sich aus dem orientalischen Raum stammende Gottheiten, etwa **Isis** oder **Mithras**, einer besonders großen Beliebtheit. Kein Wunder, versprechen sie doch ein glückseliges Leben nach dem Tod. Auch Mysterienkulte finden immer mehr Anklang.

## Grundzüge der römischen Religion

Die römische Religion, zu der wie geschildert ein privater Familien- und ein öffentlicher Staatskult gehören, umfasst alle privaten und öffentlichen Lebensbereiche der Menschen. Eine Vielzahl von

*Juno, Büste*

Göttern bestimmt den Alltag des Bürgers. Wie schon in der griechischen Religion ist auch in Rom jede Gottheit für eine ganz bestimmte oder auch mehrere existenzielle Bedürfnisse zuständig. Hauptgötter des Staatskults – **Jupiter**, **Juno** und **Minerva** – sind zugleich die obersten Staatsgötter. Man bezeichnet dieses Göttergespann deshalb als **kapitolinische Trias**. Die Verehrung von Haus- und privaten Göttern darf hingegen als sehr außergewöhnliche römische Erscheinung angesehen werden.

## Formelle Frömmigkeit

Religiöse Handlungen gelten als Verpflichtungen, die erfüllt werden müssen. Strenge Vorschriften und mit den Göttern abgeschlossene „Verträge" führen dazu, dass kaum Raum für eine innige Gottesanbetung bleibt. Um nicht den Zorn der Himmlischen auf sich zu ziehen, ist es von großer Wichtigkeit, die Kulthandlungen peinlich genau einzuhalten.

*Justitia, Gemälde*

## Staat und Religion

Der römische Staat wird von der Religion bestimmt und zusammengehalten. Als Garant für die Staatsmacht gilt die strenge Ausführung der überlieferten Riten. Die Verehrung der Staatsgötter ist Loyalitätspflicht für jeden römischen Bürger. Eine Besonderheit der römischen Staatsreligion ist die göttliche Verehrung von Wertbegriffen, welche die zwischenmenschlichen Beziehungen und das Verhältnis des Individuums zum Staat und umgekehrt regeln. Wenig anschauliche Begriffe wie Gerechtigkeit (**Justitia**), Eintracht (**Concordia**), treue (**Fides**) oder Tugend (**Virtus**) werden als abstrakte Gottheiten verehrt.

## Oberbeamte und Priester

In der frührömischen Religion ist es Aufgabe des Königs, zwischen Göttern und Menschen zu vermitteln, in republikanischer Zeit (ab 510 v. Chr.) übernehmen Oberbeamten diese Funktion. Bei den Gottesdiensten und Kulthandlungen werden die Oberbeamten von Priestern vertreten. Die römischen **Pontifices** stammen aus der Adelsschicht, ihre Würde und eine Reihe von Ehrenrechten ist ihnen ein Leben lang sicher. Sie sind von öffentlichen Lasten befreit, ihnen stehen Ehrenplätze bei Spielen und anderen Veranstaltungen sowie Festmahlzeiten auf Staatskosten zu. Die Priester haben zudem Sitz und Stimme im römischen Senat. Höchster Priester ist der **Pontifex Maximus.** Er verwaltet alle sakralen Angelegenheiten und beaufsichtigt die Gottesdienste.

### Jenseitsgedanke

Im Gegensatz zur griechischen Religion kennt die römische kein konkretes Jenseits. Die Gräber der Verstorbenen sind jedoch heilig und der Glaube, dass die Seele eines Verstorbenen nach der Toten- und Opferfeier befreit wird allgemein verbreitet. Die Toten werden erst in festen Gräbern, später unter Grabhügeln (Tumuli) in Totenstädten bestattet, sie gehören den göttlichen **Manen**, den Geistern der Verstorbenen. Alljährlich zum Jahresende versöhnt man diese Geister, indem man ihnen zu Ehren die **Parentalia** feiert. Das römische Totenreich und dessen Personifikation **Orcus** entspricht dem griechischen Hades und auch dem Plutos.

### ! Ungeliebte Genossen

Die bösen und umherirrenden Geister von ungeliebten Familienangehörigen nennt man **Lemuren**. Sie sind im Gegensatz zu den Laren gefürchtete Hausgenossen, die vertrieben werden müssen. Ihr Fest, die **Lemuria** am 9., 11. und 13. Mai, dient ihrer Aussöhnung bzw. der Vertreibung aus dem Haus.

### Private Hausgötter

Eine Besonderheit der römischen Religion ist die Verehrung von Hausgöttern und privaten Göttern. Täglich werden unter Aufsicht des Pater Familias am Hausaltar Opfer gebracht, die das Wohlwollen der Himmlischen sichern sollen. Verehrt werden neben den offiziellen Gottheiten die **Laren**, **Penaten** und der **Genius**.

Die Seelen der verstorbenen Familienmitglieder leben in der römischen Glaubenswelt als Geister (Laren) weiter. Zur Zeit der Römischen Republik verehrt man im Privathaus einen bestimmten Familienlar, er nimmt an den täglichen Mahlzeiten teil und ist darüber hinaus voll und ganz in das Leben und den Alltag der Familie integriert. Seine Aufgabe ist es, die Familie vor Unheil zu schützen.

## Schon gewusst?

Ende des 3. Jhs. v. Chr. kommt als weitere Form der Weissagung die etruskische **Haruspizin** in Rom auf. Seit der Zeit des Krieges gegen Hannibal ruft man die Opferschauer und Zeichendeuter (Haruspices) nach Rom, damit sie ihr Gutachten vor dem römischen Senat abgeben. Zu ihren Aufgaben gehört die Eingeweideschau der Opfertiere, die Blitzkunde und die Auslegung naturwidriger Ereignisse.

Zu den Laren zählen die Schutzgötter der Kreuzwege und der Felder. Ihnen zu Ehren feiert man alljährlich am 23. Dezember die **Larentalia**.

Die Penaten – Götter der **Vorratskammer** – sorgen dafür, dass die Familie immer genug zu essen hat. Wie der Lar, der Ahnherr, nehmen auch die Penaten am täglichen Leben der Familie teil. Ihr Altar steht in der Nähe des Herdfeuers. Der Sage nach soll Aeneas die Schutzgeister aus dem brennenden Troja mitgenommen und in Lavinium angesiedelt haben. Von dort aus erreichten sie dann Rom.

Der Genius gilt als Personifizierung von **Fortpflanzung** und **Lebensenergie**. Während im privaten Bereich der Genius des Familienvaters verehrt wird, huldigt man im öffentlichen Bereich dem Genius des römischen Volkes und des Kaisers.

### Erkundung des göttlichen Willens

Vor jeder größeren Unternehmung, etwa einem Krieg oder auch nur einer bedeutenden Zusammenkunft des Senats, wird der göttliche Wille erkundet, um sich des Einvernehmens mit den Göttern zu versichern. Durch den Flug der Vögel (**Auspizien**) versuchen ausgebildete Priester – die Auguren – darüber zu befinden, ob der Zeitpunkt für ein Unterfangen gerade günstig ist oder eben nicht. Weitere Zeichen für den Willen der Götter werden durch **Prodigia** (sichtbare Zeichen) ausgedrückt: Besondere Vorgänge in der Natur wie Erdbeben, Sonnenfinsternis, Blitz, Donner oder Wetterleuchten können den Willen der Götter mitteilen. Daneben ist es möglich, dass die Gottheiten ihre Meinung durch **Omina** (hörbare Zeichen und Worte) kundtun.

Befragt werden auch die **Sibyllinischen Bücher** mit uralten geheimnisvollen Orakelsprüchen, die von der Orakelstätte des Sibylle in Cumae stammen und in Griechisch verfasst wurden. Das Kollegium der „Fünfzehnmänner“

(quindecemviri sacris faciundis) sieht die Bücher nach einem Beschluss des Senats ein, sucht den passenden Spruch heraus und legt ihn zusammen mit Erläuterungen wieder dem Senat vor, der dann die „richtige" Entscheidung trifft.

### Kulthandlungen

Wichtigste religiöse Zeremonie ist das Opfer. Während im Staatskult vor allem Rinder, Schweine, Schafe und Ziegen geopfert werden, überwiegen im Privatkult des Pater Familias unblutige Opfer in Form von Feldfrüchten. Die peinlich genaue Einhaltung der Kultriten steht allerdings auch hier im Vordergrund und das Gebet vollzieht sich nach streng vorgeschriebenen Abläufen. Im Falle der Erhörung sichert das Gelübde dem Gott ein Opfer zu.

## Die römische Götterversammlung

Die römische Religion ist von Toleranz gegenüber Fremdem geprägt: Seite an Seite mit altitalischen Gottheiten aus der Frühzeit stehen die Götter und Göttinnen der Griechen. Letztere übernehmen die Römer und passen sie den eigenen Glaubensvorstellungen an. Seit dem 2. Punischen Krieg (218–201 v. Chr.) finden immer mehr orientalische Götter und Kulte (Sacra peregrina) Aufnahme im Römischen Reich. Schließlich werden mit der Einführung des Kaiserkultes nach dem Tod des Kaisers Augustus (27 v. Chr.–14 n. Chr.) sogar die Kaiser per Senatsbeschluss in den Kreis der Götter aufgenommen. Riten aus grauer Vorzeit verschmelzen im Laufe der Jahrhunderte mit Göttern und bodenständigen Glaubensvorstellungen, die aus anderen Kulturen übernommen werden.

*Kaiser Augustus, Bronzestatue*

## Wichtige römische Staatsgötter

Mit der Einführung des griechischen Zwölfgötterkreises werden die Hauptgötter des Olymps unter römischen Namen zu den Staatsgöttern des Römischen Reiches. Ihnen zu Ehren errichtet man im 3. oder 2. Jh. v. Chr. (je nach Quelle) auf dem Forum Romanum eine Säulenhalle, den Portikus der *Die Consentes*. Die vergoldeten Statuen der Olympier in ihrer römischen Entsprechung waren einst hier aufgestellt.

## Jupiter – Wächter über das römische Imperium

Ursprünglich eine alte italische Gottheit des Lichts und der Himmelserscheinungen, wird Jupiter später dem griechischen Zeus gleichgestellt. Alle Abenteuer und Charaktereigenschaften des Olympiers finden sich auch bei ihm wieder. Der größte Planet des Sonnensystems ist nach ihm benannt.

*Jupiter*

### Aufgaben

Als **Iuppiter Optimus Maximus** (der Beste und Größte) wacht der höchste römische Staatsgott von seinem Tempel auf dem Kapitolshügel über Rom und das Imperium. In frührömischer Zeit werden Jupiter, Mars und Quirinus als Stammesgötter verehrt, doch unter der Regentschaft des etruskischen Königs Tarquinius Priscus (6. Jh. v. Chr.) übernehmen Jupiter, Juno und Minerva als kapitolinische Trias die Funktion der Staatsgötter. Der ihnen zu Beginn der Republik (509 v. Chr.) geweihte Tempel auf dem Kapitol ist ein wichtiger Ort für offizielle und religiöse Zusammenkünfte – praktisch der eigentliche Mittelpunkt des Imperium Romanum. In seinem Tempel beginnt jeder Auszug eines Feldherrn und endet sein Siegeszug. Um den Bau dieses Tempels am Südhügel des Kapitols ranken sich viele Mythen. Der Etruskerkönig Tarquinius Superbus hatte einen Platz auf dem Hügel ausgewählt, wo sich bereits einige kleine Heiligtümer befanden: die Tempel des Terminus und der Juventa. Um sie abreißen zu lassen, benötigt Tarquinius eigentlich die Zustimmung der Götter, zu deren Ehre sie einst errichtet wurden. Terminus will nicht von dieser Stelle weichen und so lässt man seinen Tempel mitten im Jupitertempel stehen. Die Bauarbeiten beginnen. Plötzlich finden Arbeiter in der Erde ein unbeschädigtes menschliches Haupt. Dies wird als ein Zeichen der Götter angesehen. Man deutet es so: Rom solle in Zukunft das „Haupt“ der ganzen Welt werden, dem weder Verfall noch Tod etwas anhaben können.

Von dem kapitolinischen Jupiter-Tempel sind nur Reste der Podiumsmauern aus Quadersteinen übrig geblieben. Einst erhob sich der etruskische Tempel auf einem Podium, dessen Plattform auf drei Seiten von Säulen begrenzt war. Über eine Freitreppe gelangte man in den *Pronaos*, die Vorhalle, die zu den drei Nischen führte, in denen die Kultbilder von den Göttern Jupiter, Juno und Minerva standen.

Jupiter, Sohn von Saturnus (griech. Kronos) und Rhea (griech. Rheia) sowie Ehemann von Juno (griech. Hera) ist alle Iden (Vollmondtage) heilig. Er ist nicht nur Gott des Tageshimmels, sondern auch der des nächtlichen Lichtes. Er schickt **Blitz** (Iuppiter Feretrius) und **Donner** (Iuppiter Tonans), schützt **Recht** und **Sitte** (Iuppiter Farreus) und tritt als **Schwurgott** in Erscheinung (Dius Fidius). Er gilt als **Regenbringer** (Iuppiter Pluvialis), er bringt Festigkeit im **Kampf** (Iuppiter Stator) und den **Sieg** (Iuppiter Victor). Jupiter setzt zunächst den König, später in der Zeit der Republik die höchsten Beamten in ihre Ämter ein.

## Priester und Kult

Alle Vollmondtage sind dem Jupiter Optimus Maximus geweiht. Sonderpriester, die so genannten **Flamines** (die das Opferfeuer anblasen), überwachen die Kulthandlungen der höchsten Staatsgötter.

Der **Flamen Dialis**, der Sonderpriester des Tages, muss sich als Diener des Lichtgottes Jupiter von allem Dunklen und Unterirdischen, etwa Gräbern, fernhalten. Den Priesterhelm, den Apex, muss er auch im Haus tragen, er darf kein Pferd besteigen, kein Heer sehen, nicht schwören, keine Knoten im Gewand haben, das Haar darf nicht mit Eisen in Berührung kommen: Eine Reihe von Verboten und Einschränkungen machen dem Priester des Jupiterkultes das Leben schwer. Voraussetzung für das hohe Priesteramt ist nicht nur die Ehe, sondern auch die Zugehörigkeit zur Schicht der Patrizier.

Seine Frau, die **Flamincia**, nimmt an seiner Priester-

*Kaiser Claudius, Statue*

## Lebendes Abbild

Seine wahre Macht zeigt Jupiter beim Triumphzeremoniell. An diesem Tag tragen die Feldherren das gleiche Gewand wie er – die purpurne, mit Goldpalmen bestickte Toga. Ihre Gesichter sind rot bemalt. Als lebendiges Abbild des Jupiter Optimus Maximus fährt der Triumphator zum kapitolinischen Tempel des Gottes hinauf. In der Kaiserzeit ließen sich die römischen Herrscher gern als Jupiter darstellen. Gut erhalten ist die Statue des Claudius als Jupiter (42. n. Chr.) in den Vatikanischen Museen in Rom.

würde teil. Stirbt sie, scheidet der Flamen ehrenvoll aus seinem Amt aus.

### Spiele

Zu Ehren Jupiters und in Gedenken an die Weihung des Tempels auf dem Kapitol 509 v. Chr. feiert Rom alljährlich im September (5.–19.) die **Ludi Romani**, die Spiele des Volkes.

## Juno – die Herrin Roms

Die altitalische Gottheit Juno (die Junge, die Vitale) repräsentiert die Lebenskraft der Frau, bis römische Dichter die meisten aus dem griechischen Mythos bekannten Züge der griechischen Götterkönigin Hera auf sie übertragen. Mit Jupiter und Minerva bildet sie als **Iuno Regina** die kapitolinische Trias und wird seit 509 v. Chr. mit ihnen in dem ältesten römischen Staatsheiligtum auf dem Kapitolshügel verehrt.

### Aufgaben

Als Ehefrau des höchsten römischen Staatsgottes schützt sie unter dem Namen Regina Rom und das römische Imperium. Wie Hera gilt auch Juno als Schutzgöttin der **Ehe** (Iuno Pronuba), des hochzeitlichen Brauchtums und der **Geburten**. In dieser Funktion trägt sie den Beinamen **Lucina**. Zu ihr beten die Römerinnen vor einer Geburt.

Ihre Aufgabe als **Weidegöttin** (Iuno Capritina) macht sie für das Kleinvieh in Gestalt der Ziegen verantwortlich. Folglich ist die **Ziege** auch ihr bevorzugtes Tier. Als Iuno Sospita, Seispes oder Sispita trägt sie ein Ziegenfell auf dem Kopf oder wird von einer Schlange begleitet. Als Iuno Moneta ist die Herrin Roms schließlich Göttin der **Ratschläge**, **Erinnerungen** und **Mahnungen**.

### Kult und Feste

Im frühen Rom hat ihr Kult weniger mit der Ehe als mit dem Nachwuchs zu tun. Eine der ältesten Verehrungsstätten ist ein heiliger Hain auf dem Esquilinhügel bei Rom. Noch älter ist die Lupercalhöhle auf dem Palatin, wo der Sage nach eine Wölfin Romulus und Remus gesäugt haben soll. Dem Schriftsteller Ovid zufolge soll es allein in Rom mehr als 100 Kultstätten der Göttin gegeben haben. Sind alle Iden dem Jupiter geweiht, so sind alle Kalenden (Monatsanfang) der Juno heilig. Die Göttin wird mit dem Mond in Verbindung gebracht, da die Kalendae den Neumond anzeigen.

Das Fest zu Ehren Junos, die **Matronalia**, feiern die römischen Frauen alljährlich am 1. März zu Ehren der Iuno Lucina. Als Symbol für weibliche Sittsamkeit werden in ihrem Tempel auf dem Kapitol Gänse gehalten. Als beim großen Galliersturm 387 v. Chr. die Angreifer in der Nacht das Kapitol stürmen wollen, wecken die Tiere der Sage nach durch ihr Geschnatter die Verteidiger und retten somit die Festung.

Ein anderes Fest zu Ehren Junos sind die **Nonae Caprotinae** am 7. Juli. An diesem Tag schneidet man von den Feigenbäumen am Marsfeld Zweige ab. Der austretende Saft wird anschließend als Opfergabe der Iuno Caprotina gereicht.

## Minerva – Göttin der Handwerker und Künstler

Minerva ist eine altitalische Göttin, deren Funktionen nach und nach der griechischen Athene angeglichen werden. Mit Jupiter und Juno bildet die Göttin die kapitolinische Trias, das Staatsheiligtum Roms. In dem 509 v. Chr. geweihten Tempel der Götterdreiheit hat Minerva ihre Cella (Raum für das Kultbild) rechts neben der des Jupiters.

### Aufgaben

Handwerker, Künstler und Lehrer stehen unter ihrem besonderen Schutz und verehren sie in ihrem Tempel auf dem Aventinhügel. Sonderpriester, die Flamen, sind für die Kulthandlungen verantwortlich. Minerva ist die Tochter des Göttervaters, Göttin der **Weisheit** und der besonnenen **Kriegsführung**. Als Minerva Medica huldigen ihr auch Ärzte in einem Tempel auf dem Esquilin. **Ölbaum**, **Schlange** und **Eule** sind ihr heilig. Besonders die Eule repräsentiert die Weisheit der Göttin, die wie Diana (Göttin der Jagd) eine jungfräuliche Göttin ist und alle bestraft, die dieser Jungfräulichkeit zu nahe treten. Trotz aller Weisheit bleiben Minerva unheimliche Züge. So erblindet man, wenn man sie ungerechtfertigt zu Gesicht bekommt.

## ! Darstellung der Minerva

Die klassische Darstellung zeigt Minerva mit **Brustpanzer, Helm, Schild** und **Lanze**. Minerva gilt wie ihr griechisches Vorbild Athene auch als **Kriegsgöttin**.

### Fest

Hauptfest der Minerva in Rom sind die so genannten **Quinquatrus**, das Fest der Künstler und Handwerker, das Jahr für Jahr vom 19. bis 23. März gefeiert wird. In diesen Tagen erhalten Lehrer ihr Jahreshonorar, Schüler haben keinen Unterricht. Nach Ovid sind viele Berufe an diesem Fest beteiligt: Woll- und Flachsspinnerinnen, Weber, Walker, Wäscher, Färber, Schuster, Zimmerleute, Ärzte, Maler, Bildhauer, Toreuten (Metallziselierer) und nicht zuletzt Dichter und Schauspieler.

## Vesta – Göttin des Staatsherdes

Für das Wohlergehen des römischen Volkes ist Vesta, eine der am frühesten verehrtesten Gottheiten, die wichtigste Göttin. Die Sagen und Legenden beziehen sich im Allgemeinen jedoch nicht auf die Gottheit selbst, sondern auf die Priesterinnen ihres Kultes, die Vestalinnen. Vesta wird der griechischen Hestia gleichgesetzt, vertritt aber im Gegensatz zum griechischen Pendant nicht den Privat-, sondern den **Staatsherd**.

### Aufgaben und Kult

Am Fuß des Palatinhügels in unmittelbarer Nähe zum Amtshaus des höchsten Priesters, des Pontifex Maximus, liegt der **Vestatempel**, dessen Errichtung dem sagenhaften Stadtgründer Romulus zugeschrieben wird. Der Sage nach ist die Vestalin Rhea Silvia die Mutter der Zwillinge Romulus und Remus. Der kleine Rundtempel beherbergt kein Götterbild: Vesta ist die einzige römische Göttin, die nie personifiziert wurde. Im Tempel steht der Staatsherd mit dem heiligen Feuer, das von sechs Priesterinnen bewacht wird. Ein **Penus** (Vorratsraum), in dem die Kultgegenstände aufbewahrt werden, unter anderem das so genannte **Palladium**, ein Kultbild der Pallas Athene, vervollständigt die Einrichtung. Das Kultbild soll vom Himmel gefallen und von Aeneas

*Tempel der Vesta*

nach Rom gebracht worden sein. Seine Anwesenheit garantiert in der römischen Glaubensvorstellung den Bestand Roms. Diesem heiligen Vorratsraum darf sich kein Mann nähern, nicht einmal der höchste Priester. Als im Jahr 241 v. Chr. ein Brand ausbrach und der Pontifex Maximus die heiligen Gegenstände retten wollte, soll er erblindet sein.

Den Vestalinnen fällt es zu, das Staatsfeuer zu nähren. Sind sie nicht achtsam genug und lassen die Flamme ausgehen, werden sie hart bestraft und ausgepeitscht. Der Dienst der sechs Priesterinnen dauert 30 Jahre. Bereits im Kindesalter werden die Mädchen, die aus adligem Haus stammen müssen, für diese Aufgabe auserwählt. Die ersten zehn Jahre verbringen sie als Novizin im Tempelbereich, wo sie die unterschiedlichen Tätigkeiten erlernen. Die nächsten zehn Jahre hüten sie das heilige Feuer und die letzten zehn Jahre ihrer Amtszeit unterweisen sie die neuen Novizinnen. Danach dürfen die Priesterinnen, die vor Einweisung in ihr Amt ein Keuschheitsgelübde ablegen müssen, heiraten. Das Haus der Vestalinnen befindet sich neben dem Tempel. Im Innern sind die Statuen der Oberpriesterinnen, der Virgines Vestales Maximae, aufgestellt. Das Fest der Göttin Vesta, die Vestalia, feiert man in Rom am 9. Juni.

*Diana, Gemälde*

## Diana – Göttin der Frauen und der Jagd

Schon früh wird Diana, die italische **Natur-** und **Fruchtbarkeitsgöttin** sowie Helferin bei **Geburten**, mit der griechischen Artemis gleichgesetzt.

### Aufgaben

Sie wirkt als Schutzherrin für **Frauen** und die **Jagd** und wird zudem als **Mondgöttin** verehrt. Ihr Name lässt sich auf das Wort dium zurückführen, was etwa „heller Himmel" bedeutet.

Sie wacht darüber, dass Tiere nach ganz bestimmten festen Regelungen erlegt werden. Jede Tötung eines Tieres außerhalb dieses Ritus wird von Diana streng bestraft. Die Attribute der Göttin sind typisch römisch. Gern trägt sie eine Art **Kranz** mit hohen Strahlen oder Zacken im langen offenen Haar. In der linken Hand hält sie eine mächtige **Lanze** (Venabulum). Begleitet wird sie von Hunden und Jagdtieren. Viele Statuen zeigen Diana in kurzem Rock und hohen Jagdstiefeln. In ihrem heiligen Hain wachsen **Pinie**, **Quitte**, **Granatbaum** und **Eiche**, sie tragen immer reiche Frucht. Die Göttin trägt deshalb auch den Beinamen Arbores felices (glückliche Bäume). Der heilige Hain (Nemus) der Göttin ist auch ein Asyl für flüchtige Sklaven. Diana Nemorensis gilt in dieser Funktion als Schutzherrin über **Fremde**, **Landflüchtige** oder **Sklaven**.

### Kult

Verehrt wird Diana von allen italischen Stämmen. Über Etrurien gelangt ihr Kult nach Rom. Sie ist eine der beliebtesten Gottheiten der Plebejer. Ihr Tempel auf dem Aventin ist das Heiligtum des Latinischen Bundes. Seit Servius Tullius steht er unter ihrem besonderen Schutz. Als der Ruhm des Artemistempels in Ephesos bis nach Rom dringt, beschließt der regierende Etruskerkönig Servius Tullius der Sage nach, der Göttin Diana ebenfalls einen großen Tempel errichten zu lassen, damit die Städte des Latinischen Bundes genauso unter ihrem Schutz stehen wie die griechischen Städte Kleinasiens. Die Gründung des Tempels auf dem Aventin wird mit *Lex Arae Dianae* in einem eigenen Gesetz niedergeschrieben. An diesem Tempel werden lange Zeit die Hörner der Kuh (Bucranium) gezeigt, die der Diana zum ersten Mal geopfert worden sind. Den Stiftungstag des Tempels feiern die Römer jedes Jahr am 13. August.

Mit Diana kommt die ebenfalls im latinischen Acria verehrte Quellnymphe **Egeria** nach Rom; sie erhält eine eigene Kultstätte vor der Porta Capena unterhalb des Aventin.

## Ceres – Göttin des Ackerbaus

Die Göttin Ceres, Tochter des Saturnus und der Ops, entspricht der griechischen Demeter. Ursprünglich handelt es sich bei Ceres um eine altitalische Gottheit, deren Kult bereits seit dem 7. Jh. v. Chr. nachweisbar ist, doch gerät er seit dem 5. Jh. v. Chr. unter griechischem Einfluss.

### Aufgaben

Zusammen mit den Gottheiten Liber (entspricht dem griechischen Dionysos) und Libera (Proserpina, die Tochter von Ceres) wird Ceres besonders von den Plebejern, dem einfachen Volk verehrt, da sie die Rechte der Volkstribunen schützt. Dieser Göttertrias wird im Zuge einer

## Schon gewusst?

Bereits in der frühen Königszeit der Etrusker dienen der Erdgöttin Sonderpriester, die Flamen Cerealis; in republikanischer Zeit sind dies vor allem weibliche Priesterinnen.

Hungersnot auf Anraten der sibyllinischen Bücher 493 v. Chr. ein Tempel auf dem Aventin geweiht. Als Göttin des **Ackerbaus** ist ihr häufigstes Attribut die **Ährenkrone**. Auch der **Mohn** ist ihr heilig. In ihrer Eigenschaft als **Erdgöttin** tritt manchmal auch eine Schlange in ihrer Gegenwart in Erscheinung. Wie Demeter wird Ceres auch als **Fruchtbarkeitsgottheit**, Göttin der **Ehe** und als **Gesetzgeberin** verehrt. Will sich ein Mann von seiner Frau ohne Gründe scheiden lassen, so muss er der Göttin einen Teil seines Vermögens überlassen.

### Kult

Der Ceres Tempel auf dem Aventin, in dem auch Liber und Libera verehrt werden, ist das Zentrum der römischen Plebejer. Der Tempel fungiert als Asylstätte und verwahrt das Archiv der plebejischen Beamten. Kaiser Augustus baut den Tempel nach einem Brand 31 v. Chr. wieder auf. Bis in spätrömische Zeit bleibt das Ceresheiligtum wichtigstes religiöses Zentrum Roms. Das Fest der Götterdreiheit, die Cerealia, feiert man am 19. April. Zugleich finden im Circus die Ludi Cereris statt, die bereits einige Tage zuvor beginnen.

## Bacchus – Gott des Weines

Die altitalische Gottheit **Liber** oder **Liber Pater** übernimmt die Züge des griechischen Gottes Dionysos. Sein Beiname Bacchus wird in Rom zu seinem Hauptnamen.

### Aufgaben und Kult

Wie sein griechisches Pendant ist Bacchus vor allem Gott des **Weines**. Die ekstatischen Feste und Umzüge und die ausschweifenden Gelage des Bacchuskultes sind den Römern zunächst fremd. Das Wesen des Gottes entspricht nicht der altrömischen Frömmigkeit (Pietas). Auch das Mysterienwesen passt nicht zum offiziellen Staatskult. Der Senat verbietet deshalb im Jahr 186 v. Chr. die Abhaltung der dionysi-

*Bacchus, Statue*

*Apollo, Büste*

schen Mysterien (Bacchanalia) im gesamten Einflussbereich Roms. Die staatlichen **Weinfeste** werden zu Ehren **Jupiters** und **Venus** abgehalten. Das Volk jedoch hält an einmal lieb gewonnene Gewohnheiten fest – für sie ist Dionysos eben der Gott des Weines – und bringt Bacchus beim Keltern ein privates Opfer dar – ein Grund dafür, dass Julius Caesar den Kult offiziell wieder in Rom einführt.

Seine wesentliche Aufgabe hat Bacchus am 17. März in Rom selbst auszuführen. Anlässlich der **Liberalia**, dem Fest von Liber und Libera, werden die Jugendlichen erstmals mit der Toga virilis bekleidet und in die Bürgerlisten eingetragen. Jedem wird dabei ein Gläschen Wein kredenzt.

### Darstellung

Noch im 5. Jh. v. Chr. wird Bacchus als alter Mann mit Bart dargestellt, der Jupiter ähnelt. Im Laufe der Zeit wandelt sich sein Bild zu einem jugendlichen schönen Mann. Der **Tyros**, ein mit **Efeu** und **Weinlaub** geschmückter Stab, und der **Phallus** sind seine Attribute. Menschen, die nichts Gutes im Sinn haben, erschreckt der Gott gern, indem er ihnen als **Löwe**, **Bär** oder anderes **wildes Tier** erscheint.

## Apollo – Gott der Weisheit und Künste

Der wohl schönste Gott der klassischen Antike ist Apollo (griech. Apollon), der Sohn von Zeus und Leto. Der so genannte *Kasseler Apoll*, eine hadrianische Kopie des griechischen Bronzeoriginals von ca. 450 v. Chr. zeigt ihn in seiner strahlenden Jugendlichkeit. Seine Attribute sind **Leier** und **Lorbeer**, seine Tiere **Greif**, **Krebs** und **Delfin**.

### Aufgaben

Als oberster Orakelgott ist er Herr über alle Seher. Durch den Mund der von ihm inspirierten Seherin (in Delphi die Pythia) spricht Apollo zu den Gläubigen. Auf italischem Boden befindet sich in der Stadt **Cumae** das bekannteste Apollo-Orakel. Der Sage nach sind die Weissagungen des Gottes in 14 Büchern niedergeschrieben worden, welche von **Sibylle**, der

Priesterin des Apollo, gehütet wurden. Drei dieser Bücher soll sie an den römischen König Tarquinius Priscus verkauft haben. Diese so genannten **sibyllinischen Bücher** werden zunächst im Tempel des Jupiter, später im Tempel des Apollo aufbewahrt und dürfen nur auf Senatsbeschluss in schwierigen politischen oder militärischen Situationen von einem besonderen Priesterkollegium um Rat befragt werden. Apollo gilt zudem als Schirmherr der **Herden** und **Städtegründer**, als Beschützer der **Sänger** und **Musiker** und endlich als **Heil-** und **Sühnegott**. Die Pfeile seines Bogens bringen Krankheit und Tod, doch gleichzeitig heilt er auch Wunden, eine Aufgabe, die sein Sohn Äskulap von ihm übernimmt. Als **Phoebus Apoll** gilt Apollo als Gott des Lichtes und erhält in römischer Kaiserzeit den Beinamen Sonne (***Sol***).

## Kult

Nach Rom gelangt Apollo im 6. Jh. v. Chr. durch die Etrusker. Ein erster Tempel wird ihm 431 v. Chr. im Zuge einer Pestepidemie auf dem Marsfeld geweiht. Der Tempel liegt außerhalb der Stadtmauer, da Apollo für die **Lustration** (Reinigung) vor Seuchen oder Blutschuld, etwa der Soldaten nach dem Krieg, verantwortlich ist. Diese muss außerhalb des Pomeriums erfolgen. Als Vollstrecker des Willens Jupiters schickt er im Triumphzug das Heer religiös gereinigt zum Göttervater auf den Kapitolshügel.

Seit 212 v. Chr. feiern die Römer ihm zu Ehren die Ludi Apollinares und ab 208 v. Chr. jeweils vom 6. bis 13. Juli das Tierkreiszeichen Krebs: Vor dem Tempel des Gottes werden von Schauspielern Dramen aufgeführt. Seit den Reformen des Kaiser Augustus (27 v. Chr.–14 n. Chr.) gewinnt der Apollokult eine hervorragende Stellung als römischer Staatskult, da Apollo insbesondere von den römischen Kaiserfamilien verehrt wird. **Augustus** ernennt ihn kurzerhand zu seinem persönlichen Schutzgott und weiht ihm nach der Schlacht bei Actium im Jahre 31 v. Chr. auf dem Palatin in Rom einen prachtvollen Tempel aus lunensischem weißem Marmor. Der Bau war eng mit dem benachbarten Haus des Augustus verbunden. In der Basis der Apollostatue

*Palatin, der erstbesiedelte der sieben Hügel Roms*

wurden in einem goldenen Schrein die sybillinischen Bücher aufbewahrt.

## Dis Pater – Gott der Unterwelt und des Reichtums

Der römische Gott Dis Pater wird schon früh mit **Hades** und **Plutos** gleichgesetzt. In Rom wird der Staatskult 249 v. Chr. eingerichtet. Plutos – bei den Griechen der Gott des Reichtums – wacht als Sohn der Demeter über den Reichtum der **Herden** und **Felder**. Doch schon früh verbindet man mit ihm den Reichtum aus **Handel** und **Wirtschaft**.

Hades ist als Gott der Unterwelt Herrscher über das Totenreich. Er wacht zudem über die Reichtümer des Erdinneren. Das Reich des Gottes wird von dem dreiköpfigen Hund **Cerberus** bewacht, der dafür sorgt, dass niemand die Unterwelt verlassen kann.

## Mars – Gott des Krieges

Der italische **Bauern-** und **Vegetationsgott** (Mars Silvanus), der für das Wachstum auf den Feldern verantwortlich ist, wird in Rom mit dem griechischen Kriegsgott Ares gleichgesetzt. Als Vater von Romulus (Gründer und erster König Roms) und Remus sehen die Römer in Mars ihren Ahnherrn.

*Kriegsgott Mars*

Der Sage nach wird König Numitor von Alba Longa von seinem Bruder Amulius gezwungen abzudanken. Als die Vestalin Rhea Silvia durch Mars geschwängert und später Mutter der Zwillinge Romulus und Remus wird, verlangt Amulius, die Kinder zu ertränken. Die Wiege mit den Kindern bleibt jedoch beim Zurückgehen des Tiberwassers auf dem Trockenen liegen. Eine Wölfin nimmt sich der Kleinen an und säugt sie, bis sie der Hirte Faustulus findet und mit seiner Frau Acca Larentia bei sich aufzieht. Die Zwillinge werden später ebenfalls Hirten. Als Erwachsene geraten sie mit dem Hirten des Königs Amulius in Streit, kommen an den

> **? Schon gewusst?**
>
> Die berühmte kapitolinische Wölfin aus Bronze befindet sich heute im Konservatorenpalast in Rom. Es handelt sich um eine etruskische Arbeit aus dem 5. Jh. v. Chr.

Hof und erkennen hier ihren Großvater Numitor. Die Zwillinge töten Amulius und setzen Numitor wieder als König ein.

*Romulus, Remus und die Wölfin, Bronzestatue*

Die erwachsenen Zwillinge wollen eine neue Stadt gründen und holen Auspizien (Vogelzeichen) ein, um festzustellen, wer der Stadt den Namen geben soll. Die Götter schicken Romulus zwölf, Remus sechs Vögel: Die neue Stadt wird also Rom genannt. Später erschlägt Romulus seinen Bruder Remus im Zorn.

## Aufgaben

Mars schützt den römischen Staat und verhilft dem Heer zu Siegen. Als Pfand für das Gedeihen des Imperiums gilt ein **heiliger Schild**, den der Gott vom Himmel fallen ließ. Elf gleich aussehende Schilde hängen zusammen mit dem göttlichen Original in der Regia, dem Amtshaus des höchsten Priesters, des Pontifex Maximus. Es wird von den Saliern, dem Priesterkollegium des Kriegsgottes bewacht. Alljährlich im März – der Monat ist dem Gott geweiht – veranstalten die Salier mit diesen Schilden unter Tanz und Gesang eine feierliche Prozession.

Mars begleitet nicht nur die Soldaten in die Schlacht. Seine Ursprünge als friedliche **Vegetationsgottheit** haben nachhaltig Bestand. Feldern, Tieren und Menschen spendet er **Gesundheit** und **Fruchtbarkeit**. **Pferd**, **Stier** und **Wolf** sind ihm heilig.

## Kult

In voretruskischer Zeit bildet Mars neben Jupiter und Quirinus die kapitolinische Trias. Seine beschützende Funktion übernimmt später Minerva. Dem Kriegsgott geweiht ist das Marsfeld (Campus Martius), dort befindet sich auch ein Altar. Hier finden die großen Heeresversammlungen statt und alle fünf Jahre wird ein besonderes Opfer erbracht. Kaiser Augustus (27 v. Chr. – 14 n. Chr.) erbaut auf dem Augustus-Forum dem Mars Ultor (dem Rächer) einen prächtigen Tempel, in dem eine voll bewaffnete Kultstatue steht. Die Lanze zeigt nach unten, ein Zeichen dafür, dass der Gott kampfbereit ist. Der Tempel auf dem Augustus-Forum wird 2. v. Chr. fertig gestellt. Noch heute sind Reste davon zu sehen.

## Marsfest

Das Marsfest **Equirria** wird alljährlich am 14. März mit Wagenrennen gefeiert. Mars wird meist als junger kräftiger Mann in Rüstung dargestellt, manchmal allerdings auch als bärtiger, väterlich wirkender Soldat.

# Neptunus – Gott des Meeres

Der Gott des **Meeres** und Schutzherr der **Seefahrer** entspricht dem griechischen Poseidon. Doch während Poseidon als ungestümer Gott gefürchtet wird, schätzen die Römer an Neptunus die Ruhe und Milde seines Handelns.

## Aufgaben

Der Gott soll das unberechenbare Meer bezwingen und beruhigen. Sein Symbol ist der **Dreizack**, mit dem er Quellen entspringen lassen kann. **Pferd**, **Delfine** und **Stier** sind ihm heilig. Steht der Kriegsgott Mars für das Landheer, so symbolisiert Neptunus die **Seemacht** Roms.

## Kult und Feste

Zahlreiche Altäre und Feste bezeugen die Verankerung des Meeresgottes in der römischen Götterwelt. Nicht nur dem Gott selbst wird gehuldigt, sondern auch Wind, Meer und Wellen. Als Beschützer der **Rennbahnen** ist ihm ein Altar auf dem Circus Flaminius geweiht.

Mit seinem Fest **Neptunalia** am 23. Juli soll alljährlich die sommerliche Trockenheit bekämpft werden. Auf dem Marsfeld, wo die Feierlichkeiten stattfinden, werden Laubhütten errichtet. Eingeleitet werden die Neptunalia dann mit fröhlichen Trinkgelagen, anschließend werden Stiere geopfert. Das Fest bleibt bis in die Spätantike wichtigstes Datum im römischen Festkalender und entwickelt sich immer mehr zum Volksfest mit Jahrmarktcharakter.

# Saturnus – Gott des Ackerbaus

Der Ehemann von Ops, Göttin der Saat und Ernte, wird mit dem griechischen Kronos gleichgesetzt. Wie dieser von seinem Zeus entmachtet wird, so wird Saturnus von seinem Vater Jupiter entthront. Er flüchtet nach Latium, trifft dort auf Janus, den Gott des Anfangs und des Endes, der seinen Herrschaftsanspruch mit ihm teilt. Aus Dankbarkeit für die freundliche Aufnahme lehrt er die Menschen die Kunst des **Acker-** und **Weinbaus**. Seine Herrschaft geht als goldenes Zeit-

*Saturn*

alter (aurea aetas) in die römische Mythologie ein. Die **Harpe**, ein gebogenes und gezahntes Erntemesser, gehört zu seinen Symbolen.

### Kult und Feste

Schon zu Beginn des 5. Jh. v. Chr. errichtet man auf dem Forum Romanum einen Tempel zu Ehren des Saturnus. Im Keller seines Tempels hütet Saturnus den römischen Staatsschatz (Aerarium). Nach der Plünderung durch Caesar baut Munatius Plancus den Tempel am Fuß des Kapitols 42 v. Chr. wieder auf, der seit Augustus den Namen *Aerium Saturni* trägt. 283 n. Chr. wird der Tempel nach einem Brand wieder restauriert. Was von dem Tempel heute noch zu sehen ist – die acht Säulen und der Giebel – geht wahrscheinlich auf den Wiederaufbau zurück.

Der Einweihungstag, 17. Dezember, bildet den Auftakt für die alljährlich zu Ehren des Gottes gefeierten **Saturnalia**. Das wohl populärste römische Fest dauert in der Kaiserzeit bis zum 23. Dezember. Die Saturnalien sollen an das goldene Zeitalter des Gottes erinnern. Kennzeichen dieses allseits beliebten Festes ist die Umstellung der sozialen Hierarchie: Den Sklaven nimmt man die Fußketten ab, und die Herren sind es, die ihre Sklaven bedienen müssen. Die herrschende Redefreiheit führt dazu, dass einige Menschen jede Menge Kritik einstecken müssen. Es versteht sich von selbst, dass an diesen Tagen der Wein in Strömen fließt. Sogar das Würfelspiel ist erlaubt. Marktstände bereichern das fröhliche Treiben oder besser gesagt, den Ausnahmezustand.

*Gaius Julius Caesar, Büste*

**? Schon gewusst?**

In der späteren Kaiserzeit spielt Saturnus als Wächter des Staatsschatzes kaum noch eine Rolle. Er wird vielmehr immer mehr dem Staatsgott Jupiter angeglichen, so führt er meist ein Zepter und eine Sichel mit sich. In der Endzeit des Römischen Reiches wird Saturnius zum Friedensfürsten eines vergangenen goldenen Zeitalters.

## Venus – Göttin der Liebe

Die altitalische Göttin der **Gärten**, des **Liebreizes** und des **Frühlings** übernimmt die Eigenschaften und Charaktermerkmale ihres griechischen Pendants Aphrodite. Sie ist die Mutter des Helden Aeneas, der in Italien landet und in Latium die Stadt Lavinium gründete. Sein Sohn Julius gründete später Alba Longa, dessen Tochterstadt Rom wurde. Gemeinsam mit dem Kriegsgott Mars erscheint Venus seit 217 v. Chr. in Rom zur großen Göttermahlzeit (Lectisternium).

### ? Schon gewusst?

Im ersten vorchristlichen Jahrhundert erfährt die Venusverehrung neuen Aufschwung durch führende Staatsmänner. Caesar leitet sein Geschlecht von Aeneas ab und lässt 46 v. Chr. auf dem Forum Julium den Tempel der Venus Genetrix erbauen.

## Aufgaben

Die Römer verehren Venus vor allem als Ahnherrin und Beschützerin der Stadt Rom. Die Herrin der Gärten wacht über die **Heil-** und **Schönheitskräuter**. In ihrem Tempel auf dem Forum Julium wird Venus als Herrin der Bäder mit **Wasserspielen** und **Brunnennymphen** in Verbindung gebracht. Und schließlich gilt sie auch als **Heilgöttin**, die engen Kontakt mit der Göttin der Schwefeldämpfe, Mefitis, pflegt. Als Göttin der **Liebe** hat sie Affären mit Göttern und Sterblichen, aber ihre wahre Liebe gilt nur einem Gott, nämlich Mars. Dennoch wird sie von Jupiter gezwungen, den Gott Vulcanus zu heiraten. Ständiger Begleiter von Venus ist ihr Sohn Cupido, der bewaffnet

*Forum Romanum*

mit Pfeil und Bogen die Liebe in die Herzen der Götter und Menschen schießt.

### Kult

Den ersten offiziellen Tempel der Venus Ossequens (die Erhörende) in Rom weiht man 295 v. Chr. ein. Finanziert wird das Heiligtum aus Strafgeldern jener Frauen, die Ehebruch begingen. Er soll in der Nähe des Circus Maximus gestanden haben. Auf Geheiß der Sibyllinischen Bücher lässt Fabius Maximus im 2. Punischen Krieg (215 v. Chr.) auf dem Kapitol den zweiten offiziellen Venustempel für Venus Erycina errichten. Später wird Venus auf Anraten der Sibyllinischen Bücher die Gefährtin von Mars. Einen dritten Tempel weiht man der Göttin der Liebe um 181 v. Chr.

## Vulcanus – Gott des Feuers

Der altitalische **Feuergott** Vulcanus wird von den Etruskern übernommen und Ende des 3. Jh. v. Chr. mit dem griechischen Hephaistos gleichgesetzt. Sein Name leitet sich wahrscheinlich von der etruskischen Stadt Vulci ab. Doch während Hephaistos und der griechische Kriegsgott Ares sich feindlich gesinnt sind, stehen Vulcanus und der römische Kriegsgott Mars sich freundschaftlich gegenüber. Denn nach Meinung der Römer gehören Waffenschmied und -träger zusammen.

### Aufgaben und Kult

Wie Hephaistos ist Vulcanus Herr des Feuers. Für die Brände, die Siedlungen und Städte zerstören können, wird er von den Menschen gefürchtet. Als göttlicher Schmied ist er der Schöpfer von kunstvollen Gegenständen, etwa Waffen und Kriegstrompeten. Auch Blitze, die Brände entfachen, kann er schmieden. Gern wird der Feuergott als arbeitender **Handwerker** dargestellt. Zu seinen Attributen zählen alle Werkzeuge eines Schmiedes.

Schon in Latium wurde der Gott einst verehrt. Die ältesten Kultspuren unter dem schwarzen Pflaster (Lapis niger) auf dem Forum Romanum gehören in das 6. Jh. v. Chr. Sie werden als Volcanal bezeichnet und befindet sich direkt neben dem Comitium, wo zahlreiche politische Beschlüsse gefasst werden. Neben dem Hauptaltar gibt es einen Tempel auf dem Marsfeld.

Zu Ehren des Gottes feiert man in Rom am 2. Mai das Fest **Tubilustrum**, an dem die Trompeten gereinigt werden. Am 23. August findet das Hauptfest des Vulcanus statt, die **Volcanalia**.

## Mercurius – Gott des Handels

Der römische Gott des **Handels**, des **Gewerbes**, des **Reichtums** und des **Gewinns** übernimmt die Attribute seines griechischen Pendants Hermes. Der Sohn des Gottes Jupiter wird damit zum Führer der Seelen in die Unterwelt und zum Boten der Götter. Mercurius überbringt Nachrichten, weist den Weg, beschützt die Herden und ist überdies auch noch für List und Tücke zuständig. Zu seinen Zeichen gehörten der **Heroldstab** (Caduceus) und der **Geldbeutel** (Marsupium). Meist trägt er einen **Reisehut** und bisweilen auch noch **Flügelschuhe**.

*Merkur*

### Kult

Bereits im 5. Jh. v. Chr. existiert in Rom der Mercurius-Kult. Eingeweiht wird er von dem Gründer der Berufsvereinigung der Händler, dem so genannten Mercatorum Collegium. Der Stiftungstag wird am 15. Mai als Tag der Kaufleute gefeiert.

Ein **Heroldstab**, der dem Boten der Götter Immunität verleiht, wird in augusteischer Zeit der Pax Romana als Friedenszeichen zugeschrieben. Der **Handelsgott** trägt seit dieser Zeit den Ehrennamen Mercurius Augustus.

Der Bote der Götter wird meist als schöner athletischer Jüngling dargestellt. Auf vielen Statuetten ist er in Begleitung von Tieren, etwa **Widder**, **Ziege**, **Eber** oder **Hahn**, die ihm zu Ehren gern geopfert werden. Da er der Sage nach aus einem Schildkrötenpanzer die Lyra bastelt, dürfen ihm Schildkröten nicht als Opfertiere gereicht werden.

## Alte römische Gottheiten

Neben den großen Staatsgöttern, die aus einer Verschmelzung mit den Olympiern der Griechen entstehen, werden in Rom auch noch eine Reihe weiterer Gottheiten verehrt, die meist schon älteren Ursprungs sind.

### Quirinus

Gemeinsam mit Jupiter und Mars bildet der römische Gott Quirinus die alte Göttertrias auf dem Kapitolshügel, die 509 v. Chr. von der Dreiheit Juno, Jupiter und Minerva abgelöst wird. Der alte Stammes **Kriegsgott** der auf dem Quirinal-Hügel lebenden Sabiner gilt als friedliebende Form des Kriegsgottes Mars. Der Kult des Gottes verliert gegenüber dem des Mars an Bedeutung und wird mit dem vergötterten Romulus-Kult verbunden.

## Janus

Der Gott des **Anfangs** und des **Endes**, des Eingangs und des Ausgangs, der Türen und der Tore ist eine der ältesten rein römischen Gottheiten. Nach ihm ist der Monat Januar benannt. Sein Symbol ist das bärtige **Doppelgesicht**. Der Janusbogen auf dem Forum Romanum zeigt offenkundig, ob Krieg oder Frieden herrscht, denn nur im Krieg wird das ansonsten verschlossene Tor geöffnet. Der Sage nach soll Janus der erste König von Latium gewesen sein, der Saturnus auf seiner Flucht vor Jupiter freundlich aufnimmt. Während Janus vom Janiculus-Hügel Latium regiert und die Zivilisation einführt, lässt sich Saturnus auf dem Kapitol nieder. Im öffentlichen und privaten Leben sind wichtige Handlungen unter den Schutz von Janus gestellt. In allen Gebeten wird zuerst Janus angerufen.

## Sol

Als römischer **Sonnengott** entspricht Sol weitgehend dem griechischen Helios. Neben seinem Tempel auf dem Quirinal wird er als Schutzherr der **Pferdegespanne** in einem Tempel am Circus Maximus verehrt.

## Tellus

Tellus, die römische Göttin der nährenden Erde, wird auch Terra mater genannt und mit der griechischen Gaia in Verbindung gebracht. Als Göttin der **Fruchtbarkeit** ist ihr Kult eng mit dem von Ceres verbunden.

*Circus Maximus*

## Faunus

Eine altlatinische Gottheit, die als Beschützerin der freien **Natur**, der **Hirten** und **Bauern**, ihres **Viehs** und ihrer **Äcker** verehrt wird. Das weibliche Gegenstück, seine Frau oder Schwester, ist Fauna. Faunus wird dem griechischen Pan mehr und mehr angeglichen, er liebt es wie sein Pendant, Tiere und Menschen zu erschrecken, auch im Traum. Meist wird er von einer ganzen Schar von Faunen (griech. Satyrn) begleitet. Gefeiert wird er in Rom während der **Lupercalia** am 15. Februar eines Jahres.

## Bona Dea

Als „gute Göttin" steht Bona Dea in enger Verbindung zu Faunus. Die Göttin römischen Ursprungs ist für die weibliche **Fruchtbarkeit** verantwortlich, auch heilende Kräfte werden ihr zugeschrieben. Im Dezember wird ihr Fest alljährlich im Haus eines hohen Beamten gefeiert, Männer sind bei den Kulthandlungen ausgeschlossen.

## Flora

Dem Schutz von **Blumen** und **Blüten** dient die altitalische **Frühlingsgöttin** Flora. Die auch unter dem Namen Flora mater verehrte Gottheit hatte ihren 495 v. Chr. geweihten Tempel in Rom unweit des Circus Maximus. Alljährlich vom 28. April bis zum 1. Mai feiert Rom das Fest der Göttin, die **Floralia**, ein fröhliches Fest zur Begrüßung des Frühlings. Der Göttin wird mittels Blumen, Schaustellern, frivoler Ausgelassenheit (Tänzerinnen in Entkleidungsszenen) und Wettrennen mit Hasen und Ziegen gehuldigt.

## Anna Perenna

Der Sage nach soll die alte römische Gottheit Anna Perenna während des Ständekampfes zu Beginn des 5. Jh. v. Chr. zwischen Patriziern und Plebejern das Volk vor einer Hungersnot bewahrt haben. In Gestalt einer alten Frau verkauft sie der auf den Heiligen Berg ausgewanderten Plebs selbst gebackene Kuchen. Nach einer anderen Version ist Anna Perenna die Schwester Didos, die vor dem Mörder ihres Mannes Pygmalion, nach Afrika flüchtet. Dort gewährt ihr Isarbas Zuflucht, doch als er sich mit ihr vermählen will, nimmt sie sich durch einen Sprung in einen Scheiterhaufen das Leben. Ihre Verdienste im römischen Ständekampf werden jedes Jahr am 15. März in Rom mit einem Volksfest gefeiert, bei dem es reichlich Speisen und Getränke gibt.

## Mater Matuta

Als **Muttergottheit** und **Ammengöttin** wird Mater Matuta seit dem 6. Jh. v. Chr. in Italien verehrt. Sie steht in engem Zusammenhang mit der griechischen Dionysos-Amme Ino Leukothea und wird im 1. Jh. v. Chr. praktisch mit dieser gleichgesetzt. Ihr Tempel stand auf dem Forum boarium in Rom.

## Ops

Der römischen Göttin der **Saat** und **Ernte** und Ehefrau des Saturnus gilt das Erntedankfest **Opeconsiva** am 25. August. Es wird zu Ehren von Ops Consiva bzw. Consivia mit Opfern an ihrem Heiligtum am Kapitol gefeiert. Ein zweites Fest namens **Opalia** findet am 19. Dezember statt. Ihr Kult ist im Sacrarium der Regia eingerichtet. In späterer Zeit setzt man sie mit der griechischen Rhea, im Zuge einer weiteren Kultverschmelzung auch mit Kybele bzw. der Magna Mater gleich. Damit hält auch der Kybele-Kult in Rom Einzug. Die orgiastische Seite des Kults wird zunächst stark eingeschränkt, doch mit dem Beginn der Kaiserzeit werden alle Ausweitungen gestattet.

*Ruinen von Ostia*

Hintergrund der Kulthandlungen ist die Sage von Kybele und Attis: Kybele bzw. Magna Mater, wie sie auch genannt wird, liebt Attis, den Enkel des phrygischen Flussgottes Sangarios. Doch Attis nimmt es mit der Treue nicht so genau und entschließt sich zur Heirat mit der Königstochter von Pessinus. Kybele rächt sich, indem sie die Hochzeitsgäste in geistige Verwirrung fallen lässt. Attis flieht ins Gebirge, entmannt sich und begeht schließlich Selbstmord. Kybele initiiert zu seinem Gedenken ein Trauerfest. Ihre Priester, die so genannten Galli, suchen den schönen Attis im Gebirge. Dabei verfallen sie in orgiastische Tänze und verstümmeln bzw. entmannen sich selbst.

Die Kulthandlungen finden vom 15. bis 27. März statt. Sie umfassen eine feierliche Prozession und mehrere Fastentage, bis die eigentlichen Feierlichkeiten beginnen. Zum Schluss wird das Standbild der Kybele zum Bach Almo, einem Nebenfluss des Tiber, gebracht, wo dann die Reinigung der Göttin (Lavatio) stattfindet. Im 2. Jh. n. Chr. kommt ein neuer Ritus auf: Attis erwacht zu neuem Leben und verheißt auch den Menschen die Auferstehung nach dem Tod.

## Pomona

Die römische Göttin des **Obstsegens** ist Ehefrau des Vertumnus, dem Gott der Veränderung und der Wandlung. Ihr Name leitet sich vom lateinischen Wort pomum – Baumfrucht, Obstfrucht – ab. Ihr heiliger Hain liegt zwischen Rom und der Stadt Ostia.

## Vertumnus

Als Gott der **Veränderung** und der **Wandlung** gilt Vertumnus. Die Jahreszeiten und Launen der Menschen fallen in seinen Verantwortungsbereich. Am 13. August des Jahres feiert man in Rom ein Fest zu seinen Ehren, die **Vortumnalia**. Sein Tempel liegt auf dem Aventinhügel bei Rom. Später wird er zusammen mit seiner Ehefrau auch als Gott der Gärten verehrt.

## Pales

Als Göttin der **Weiden** und **Hirten** wacht Pales über die Herden. Das Reinigungsfest **Palilia** feiert man alljährlich am 21. April. Es wird sowohl öffentlich als auch in privatem Rahmen begangen. Dabei säubern die Hirten den Stall und bringen der Göttin zum Zwecke der Reinigung mit Kuchen und Milch ein unblutiges Opfer. In einem Gebet bittet der Hirte anschließend um die Fruchtbarkeit der Tiere. Zum Schluss springt er über die Flammen des reinigenden Strohfeuers.

## Portunus

Das Fest des römischen Gottes der **Häfen** und ihrer Zugänge taucht bereits im 6. Jh. v. Chr. im ältesten Kalender Roms auf. Man feiert die **Portunalia** in Rom am 17. August. Als Sohn der Mater Matuta ist er mit Janus verwandt. Wie seine Mutter hilft Portunus den **Schiffbrüchigen**.

## Castor und Pollux

Viele heldenhafte Taten werden den Dioskuren bzw. Castores Castor und Pollux zugeschrieben. Ihr Kult stammt aus Griechenland, wo man ihre Pendants Kastor und Polydeukes, Söhne des Zeus und der Leda, verehrt. Polydeukes ist unsterblich, Kastor sterblich. Der Sage nach verbringen beide abwechselnd einen Tag im Olymp und einen Tag in der Unterwelt.

Der in Sparta beheimatete Dioskurenkult breitet sich rasch bis nach Italien aus. Die schier unzertrennlichen Zwillinge gelten als Beschützer der **Seeleute** und Unterstützer in der **Schlacht**, aber auch allgemein als Helfer der Menschheit. Darüber hinaus gelten sie in Rom vor allem als Schutzgottheiten der **Aristokratie**. Der Sage nach sollen sie nach dem Sieg der Römer über die Latiner am See Regillus 496 v. Chr. am Forum erschienen sein und ihre Pferde an der Quelle Iuturna getränkt haben. Schon 484 v. Chr. wird ihnen ein Tempel auf dem Forum Romanum geweiht, von dem noch drei Säulen übrig geblieben sind.

## Justitia

Als römische Göttin des Sittengesetzes ist Justitia zugleich die Personifikation der Gerechtigkeit. Dargestellt wird sie im Allgemeinen mit Schale und Zepter, mit einer Waage und verbundenen Augen – Symbole für unparteiisches Abwägen. Als Sinnbild irdischer Gerechtigkeit ziert sie noch heute viele Gerichtsgebäude. Justitia entspricht der griechischen Dike oder der Themis.

## Libertas

Die Gottheit ist in Rom das Symbol für die Freiheit. In der ewigen Stadt sind ihr mehrere Tempel geweiht. Dargestellt wird sie meist mit Zepter und Lanze, auf dem Haupt die pilleus, ein „Hut der Freiheit". Auch die Lanze dient dazu, Sklaven in den Stand der Freiheit zu entlassen. In ihrem Tempel auf dem Aventinhügel sollen sich die Gelehrten und Philosophen gern zum Gedankenaustausch und Diskutieren getroffen haben.

## Luna

Sie ist Mondgöttin der Römer und zugleich Schutzgöttin der Wagenlenker. Die Schwester des Sonnengottes Sol wird mit ihm zusammen in einen Tempel auf dem Aventinhügel verehrt. Lunas Schwester ist die Morgenröte Aurora, die auf einem von Pferden gezogenem Wagen über den Himmel fahren soll. Der zweite Wochentag ist nach Luna benannt: dies Lunae. Auch in modernen Sprachen ist diese Verbindung erhalten geblieben: Im Italienischen heißt der Montag Lunedi, auf französisch Lundi. Luna wird später der griechischen Selene gleichgesetzt.

## Pietas

Die Römer ehren Pietas für ihre kindliche Liebe und dankbare Frömmigkeit gegenüber den Gottheiten. Dargestellt wird die Göttin als Matrone vor einem Altar, Weihrauch, Früchte oder Tiere opfernd.

## Pudicitia

Sittsamkeit und Keuschheit sind die Werte, die von Pudicitia personifiziert werden. Das ständische Rom unterscheidet allerdings eine patrizische und eine plebejische Pudicitia. Die Tochter des Patriziers Aulus, Virginia, ist mit dem Plebejer Volumnius verheiratet, weshalb Virginias Schwester nicht mit ihr den gleichen Tempel benutzen will. Erbost richtet sich Virginia angesichts eines derartigen Standesdünkels in ihrem eigenen Haus einen eigenen Altar für die plebejische Pudicitia ein, zu deren Dienst sie andere Frauen aus dem Plebejerstand einlädt. Die hier verehrte Pudicitia gilt, verglichen mit der patrizischen, als die „reinere" Gottheit, und nur monogame Frauen dürfen hier opfern. Dargestellt wird Pudicitia als verschleierte, auf einem Thron sitzende Matrone.

### Virtus

Die Göttin und Personifikation der Tugend ist eng mit Honor, dem Gott der Ehre, verbunden. Virtus wird entweder als junge Frau, Matrone, aber auch als Mann oder Greis dargestellt. Sie trägt Brustharnisch, Helm, Schild, Schwert oder Lanze, bisweilen statt der Waffe einen Zweig.

### Honor

Als römischer Gott der Ehre ist er eng mit dem Kult der Virtus verbunden. Dargestellt wird Honor mit Purpurmantel und Lorbeerkranz, mit Füllhorn, Spieß oder Ölzweig. Ein Fuß ruht meist auf einer Kugel.

### Cloacina

Nicht nur den Namen hat die Göttin von der Cloaca, dem römischen Abwassersystem, sie ist zugleich dessen Beschützerin. Ihr Tempel stand einst in dem Comitio am Marktplatz Roms.

Die Verehrung der Gottheit geht auf einen merkwürdigen Umstand zurück: Einst fand man im größten Abwasserkanal der Stadt die Statue einer Frau. Niemand konnte so recht etwas mit ihr anfangen. Erst der Sabinerkönig Tatius soll entschieden haben, dass es sich hierbei um eine bis dahin unbekannte Gottheit handeln müsse.

### Concordia

Das Sinnbild der Eintracht erhält und fördert den Frieden unter den Bürgern. Dargestellt wird die römische Göttin mit Füllhorn, Opferschale, Mercuriusstab und ineinander verschlungenen Händen. Der Tempel der Concordia in Rom gehörte zu den prächtigsten Heiligtümern der Stadt. Ihr zu Ehren feiert man alljährlich am 16. Januar das Fest der Concordia. Es erinnert an die Einweihung des Tempels anlässlich der Versöhnung zwischen Plebejern und Patriziern nach Beendigung der Ständekämpfe.

### Feronia

Die Göttin der Wälder wird besonders von den frei gelassenen Sklaven Roms verehrt. Dargestellt wird sie mit Efeu, Trauben und Blumen. In ihrem Tempel wird Sklaven von ihrem ehemaligen Besitzer eivon ihrem Herrn einen Hut zum Zeichen der gewonnenen Freiheit übergeben. Der Sage nach waren einige Knechte der strengen Herrschaft des Lykurgus entflohen und trieben auf dem Meer. Auf Rettung hoffend schworen sie, an der Stelle einen Tempel zu errichten, an dem sie Land erreichen würden.

### Fides
Die römische Personifikation von Treue und Glauben ist zugleich Göttin des Eides und Beschützerin der Besiegten und Unterworfenen. Dargestellt wird sie mit Füllhorn und Ähren, mit einem Kriegszeichen in der einen und Taube, Adler oder Krähe in der anderen Hand. Als Staatsgöttin heißt sie Fides populi Romani.

### Fortuna
Gottheit des Glücks, Zufalls und Schicksals und gleichzeitig Mutter- und Schutzgöttin von Personen, Gemeinschaften, Orten und Ereignissen ist die alte italische Gottheit Fortuna. Sie entspricht der griechischen Tyche. Als Staatsgöttin heißt sie Fortuna populi Romani.

Sie kommt auf rollender oder schwebender Kugel daher und trägt Steuerruder, Füllhorn und Rad. In Rom begründete einst Etruskerkönig Servius Tullius ihren Kult.

Will man die Orakelgöttin befragen, muss ein Los gezogen werden. Diese Lose, kleine Holzstückchen, auf die Linien eingeritzt wurden, werden von Mitgliedern der Priesterschaft gedeutet.

### Carmenta
Die römische Göttin trägt ihre Weissagungen in Form von Versen oder Gesängen vor. Carmenta, die sowohl Mutter als auch Ehefrau des Evander ist, weissagt Herakles bzw. Hercules das Schicksal. Sie soll das griechische Alphabet in das Lateinische überführt haben. Carmenta ist auch unter dem Namen Nicostrata bekannt. Am 11. und 15. Januar begehen die römischen Frauen ihr zu Ehren das Fest Carmentalia.

### Acca Larentia
Als altrömische Mutter- und Schutzgöttin ist sie die Mutter der Laren und die Kurzform ihres Namens lautet Lara. Sie ist die Ehefrau des Hirten Faustulus und mit ihm die Mutter von zwölf Söhnen, die das Priesterkollegium fratres Arvales begründen.

Acca Larentia ist die sagenhafte Amme der mythischen Stadtgründer Romulus und Remus. Im Rahmen des Herkuleskultes gilt sie als dessen Gattin. In seinem Tempel in Rom verehrt man sie als Acca, die Schöpferin. Jährlich am 23. Dezember werden in Rom ihre Festspiele gefeiert, die neben ihr auch den anderen Laren gelten.

### Pax
Sie gilt als die Personifikation des Friedens und wird auf zahlreichen Münzen mit Zepter, (geflügeltem)

Mercuriusstab oder Füllhorn und Ölzweig, seltener mit Ähren dargestellt.

Kaiser Augustus lässt 9 v. Chr. auf dem Marsfeld den Ara Pacis Augustae (Altar der kaiserlichen Pax) errichten. 75 n. Chr. wird ihr von Kaiser Vespasian auf dem von ihm erbauten Forum Pacis (Forum der Pax) ein Tempel geweiht. In diesem Tempel verwahrt man die von Titus aus Jerusalem geraubten jüdischen Tempelschätze. Der als besonders prächtig geschilderte Tempel, in dem auch Nero zahlreiche aus Griechenland stammende Bildsäulen stellen lässt, brennt unter Kaiser Commodus ab. Der Altar der Pax durfte nicht mit Blut benetzt werden. Daher opfert man ihr nur Knochen von Bein und Hüfte. Die Pax entspricht der griechischen Eirene.

## Spes

Die römische Göttin der Hoffnung und des Gartens wird als mit einem grünen Kleid leicht bekleidete junge Frau dargestellt. In der Hand trägt sie eine Lilie oder drei Blätter, manchmal Kornähren oder Blumen. Als Beinamen sind neben anderen Augusta (Erhabene), Bona (Gute), Perpetua (Dauernde) bekannt.

Der Sage nach heißt es, die Hoffnung sei nach dem Öffnen der Büchse der Pandora durch Epimetheus als einzige noch darin geblieben, nachdem alle Widerwärtigkeiten und Krankheiten daraus entwichen waren. Den Menschen blieb somit immerhin die Hoffnung auf Besserung.

## Naenia

Naenia wird als römische Göttin der Totenklage und Schutzgöttin besonders bei den Begräbnissen sehr alter Menschen angerufen. Sie ist Namensgeberin der Klagelieder, die im Trauerfall von den Verwandten oder bezahlten Praefica (Klageweiber) am Leichnam gesungen und von Flötenspiel begleitet werden.

## Juturna

Ihr Name leitet sich von iuvo („ich helfe") ab. Als Göttin schützt sie vor Wassermangel. Jupiter soll Gefallen an ihr gefunden und ihr die Vergöttlichung versprochen haben, sofern sie sich mit ihm einließe. Juturna wird dies getan haben, denn sie wird zur Göttin der Binnengewässer (Seen und Flüsse); Juno verzeiht ihr die Liebschaft mit ihrem Mann. Um ihren Bruder zu retten, tritt Juturna im Kampf gegen Aeneas an die Stelle von Turnus Wagenlenker, der aber springt vom Gefährt herab und fällt im Zweikampf.

Auf dem Marsfeld errichten ihr die Römer einen Tempel und

feiern in ihrem Gedenken alljährlich die Juturnalia.

### Fatum
Fatum ist der bei den Römern vergöttlicht gedachte Schicksalsspruch und zugleich Dämonin des Unglücks. Ein unabwendbares Schicksal eines jeden Menschen ist beispielsweise der Tod. Wörter wie fatal oder Fatalismus finden hier ihren Usprung. Personifiziert gilt Fatum als Kind des Erebus und der Nacht.

### Consus
Consus ist der römische Gott der glücklich eingebrachten Ernte und des guten Rates. Er soll es gewesen sein, der dem mythischen Gründer Roms, Romulus, den Rat gab, mit List die sabinischen Frauen zu rauben, um dem Frauenmangel in Rom abzuhelfen. Als das gelungen war, verfügte Romulus, Consus fortan zu verehren.

Dieses wird mit den alljährlich am 18. August veranstalten Consualien getan. Bei diesen Spielen wird der sonst in der Erde verborgene Altar des Gottes aufgedeckt. Dies symbolisiert die Geheimhaltung des göttlichen Rates.

### Salus
Die römische Göttin der Gesundheit sorgt für das allgemeine Wohl des Staates. Dargestellt wird sie, bekränzt mit Lorbeer, in Begleitung einer Schlange, die sich um sie windet. In der Hand hält sie einen Stab. Beinamen der Göttin als Hüterin des Staatswohls sind Salus populi Romani und Salus Augustata.

### Fama
Bei den Römern ist Fama Botengöttin des Göttervaters Jupiter und das personifizierte Gerücht und der Ruf eines Menschen. Nachts zieht sie durch die Welt, tagsüber treibt sie sich auf Türmen und Dächern herum, wo sie das Gerede der Menschen aufschnappt und in Windeseile weiterträgt. Sie wird daher geflügelt und mit Federkleid dargestellt, mit unzähligen, unaufhörlich wispernden und lauschenden Mündern und Ohren. Ihre Flügel sind schwarz, wenn sie etwas Falsches, und weiß, wenn sie etwas Wahres in die Welt hinausträgt.

## Orientalische Einflüsse

Durch den Aufenthalt römischer Soldaten und Kaufleute im Orient verbreiten sich seit dem 1. Jh. v. Chr. fremde Kulte im ganzen Römischen Reich. Sie werden von den Menschen begeistert aufgenommen, bieten sie doch etwas, das die römische Religion ihnen bis jetzt nicht gegeben hat: Trost und Hoffnung durch den Glauben an die Unsterblichkeit auch nach dem Tod.

## Isis und Osiris

Isis ist eine altägyptische Gottheit, die vor Urzeiten den Kosmos geordnet haben soll. Ihr Herrschaftsgebiet ist **Himmel** und **Unterwelt**, **Erde** und **Meer**, sie lenkt das Schicksal und schützt **Ackerbau** und **Schifffahrt**, außerdem wacht sie über die **Gesetze**. Isis ist insbesondere eine Schutzgottheit für erkrankte Kinder. Ihre Heilmittel wirken vor allem bei Schlangenbissen und Skorpionstichen. Ihr Ehemann und Bruder ist Osiris, der in Ägypten als Fruchtbarkeitsgott verehrt wird.

Der Sage nach will Seth seinen Bruder Osiris töten. Dafür lockt er

### ! Isis-und-Osiris-Feste

Zu Ehren der Isis feiert man in Rom am 5. März, wenn die Seefahrt nach dem Winter wieder aufgenommen wird, das **Navigium Isidis**, die Seefahrt der Isis. Das zweite Fest – die **Isia** – wird vom 13. bis 16. November zum Gedächtnis der Entdeckung des Körpers des Osiris durch Isis begangen. Die Freude der Menschen drückt sich in heiligen Tänzen aus.

*Osiriakische Triade in Gold und Lapislazuli*

*Osiris, Gemälde*

ihn in eine große Kiste, schließt ihn ein und setzt ihn auf dem Nil aus. Isis sucht verzweifelt nach ihrem Mann, sie findet schließlich die an Land gespülte Leiche und bricht in lautes Klagen aus. Seth findet die beiden, reißt Osiris in 14 Stücke und zerstreut ihn in alle Winde. Isis begibt sich auf die Suche nach den Leichenteilen, findet sie, setzt sie wieder zusammen und bestattet Osiris. Damit erweckt sie den Gott zu neuem Leben. Von nun an herrscht dieser als Richter über die Welt der Toten.

Der Isis-Osiris-Kult erfreut sich in Rom großer Beliebtheit. Während die eigene Unterwelt, der Orcus, als düsterer Ort erscheint, leuchtet im Reich von Osiris eine nächtliche Sonne, und jeder, der in seinem Leben nach den Gesetzen der Isis-Osiris-Religion handelt, wird ewig mit dem Tempelgott leben und die Seligkeit genießen. Der fremde Kult, der sinnliches Vergnügen und sexuelle Freiheiten erlaubt, ist den Staatsdienern seit Kaiser Augustus (27 v. Chr.–14 n. Chr.) ein Dorn im Auge. Doch Versuche, den Kult zu verbieten, sind zum Scheitern verurteilt. Erst unter der Herrschaft Caligulas (37–41 n. Chr.) – der Kaiser ist selbst ein glühender Verehrer von Isis und anderen ägyptischen Gottheiten – wird das Verbot aufgehoben und es werden Heiligtümer errichtet. 37 n. Chr. erbaute er auf dem Marsfeld einen Tempel für Isis und übernahm das Fest der Auffindung des Osiris in den Staatskult.

Noch um 400 n. Chr. finden in Rom Prozessionen im Rahmen des Kultes statt. Die Römer verstehen Isis als **Mondgottheit**, und so erhält sie die Mondsichel als Kopfschmuck.

*Marcus Aurelius Antonius Caracalla, Büste*

## Serapis

Der Gott Serapis verkörpert ursprünglich den **Stiergott** Apis aus Memphis, entwickelt sich dann aber unter Ptolemaios I. (323–285 v. Chr.) zu einer von den Griechen und Römern verehrten Gottheit. Er trägt meist ein korbähnliches **Getreidemaß** auf dem Kopf, das seine Rolle bei der Getreideversorgung symbolhaft unterstreicht. Serapis gilt auch als Gott der Unterwelt und vereint die Eigenschaften des Osiris und mehrerer griechischer Gottheiten in sich. Sein Kult verbreitet sich im ganzen Römischen Reich, kann sich allerdings nicht so durchsetzen wie der Isis-Kult. In Rom hat Serapis zunächst ein gemeinsames Heiligtum mit Isis. Erst zu Beginn des 3. Jh. n. Chr. errichtet Kaiser Caracalla (Regent von 212–217 n. Chr.) einen eigenen Tempel für Serapis auf dem Quirinal.

## Mithras

Der Mithras-Kult ähnelt in vielen religiösen Vorstellungen und rituellen Handlungen dem Christentum. Seine Anhänger glauben an die Auferstehung und das ewige Leben, die Gläubigen werden durch eine Art Taufe in die Glaubensgemeinschaft aufgenommen und die Sieben war eine bedeutende Zahl. Als im 4. Jh. n. Chr. das Christentum schließlich zur Staatsreligion erklärt wurde, findet die Mithras-Verehrung jedoch ein rasches Ende.

Der Mithraskult gehört zu den Mysterienreligionen. Die aus Persien stammende Gottheit verbreitet die Vorstellung eines Kampfes zwischen Gut und Böse. Der Sage nach wird Ahura-Mazda, Schöpfer der Welt und der guten Dinge, von seinem Gegenspieler Ahriman, Herr der bösen Dämonen, bekämpft. Aus Ahura-Mazda entsteht Mithras, der als Sohn Gottes, Retter der Welt und **Schöpfungsgottheit** verehrt wird.

Der Glaube breitet sich im Gefolge der Eroberungszüge der Römer rasch aus. Der mystische Kult ist vor allem bei Soldaten beliebt, entlassene Legionäre und Veteranen bringen den Mithras-Glauben in die Städte und Dörfer. Heute ist, außer wenigen Denkmälern, nichts von dieser Religion erhalten, denn der Kult und seine Zeugnisse werden von den Christen vehement verfolgt.

Die Mysterienreligion bleibt nur Männern vorbehalten, Frauen haben keinerlei Zugang zu diesem Kult. Um geistige Unsterblichkeit zu erlangen, müssen die Eingeweihten (Mythen) sieben Weihestufen durchschreiten. Sie tragen (von der unteren bis zur höchsten Stufe) folgende Bezeichnungen: **Corax** (Rabe), **Nymphus** (Verlobter), **Miles** (Soldat), **Leo** (Löwe), **Perses** (Perser), **Heliodromus** (Sonnenläufer) und **Pater** (Vater). Die Einzuweihenden haben sich, nach langem Fasten, ritueller Reinigung und Askese, vielen Prüfungen und auch körperlichen Qualen zu unterziehen, um jeweils die nächste Stufe zu erreichen.

Die Kulthandlungen finden in einem höhlenartigen dunklen Raum statt, Symbol für die Geburt des Mithras, der in einer Höhle zur Welt gekommen sein soll.

**? Schon gewusst?**

Die gut erhaltenen Wandmalereien des Mithraeums Barberini in Rom aus dem 2. Jh. n. Chr. vermitteln das Ritual des Mithras-Kultes.

## Religiöse Feste

Der Festkalender spiegelt Roms Aufgeschlossenheit für die Götter und Kulte der eroberten Gebiete wider. Neben den alten römischen Feierlichkeiten, die vor allem an die Fruchtbarkeitsriten der frühen Ackerbaugesellschaft erinnern, werden im Laufe der Zeit viele neue Feste aufgenommen, um die neuen fremden Götter, die so genannten Di novensides, einzubürgern. Erst mit den Kulten fremder Gottheiten werden die

Ludi publici im Römischen Reich prächtig ausgestaltet.

Zum römischen Kalender gehört eine wichtige Einteilung, die das bürgerliche Leben betrifft: die Unterscheidung der Tage in **fasti** und **nefasti**, das heißt in Tage, an denen öffentliche Angelegenheiten verhandelt werden dürfen oder solche, an denen dies nicht erlaubt ist. Ein Dies fastus ist ein Tag, an dem es nach dem göttlichen Recht (fas) erlaubt ist, bürgerlichen Geschäften nachzugehen. An einem Dies nefastus sind die Gerichtshöfe geschlossen, es finden auch keine Senatssitzungen und Volksversammlungen statt. Diese Tage sind für die Feiertage mit ihren Götterfesten und Spielen reserviert. Die nach der Kalenderreform Caesars an öffentlichen Plätzen aufgestellten Kalender geben Aufschluss über die Einteilung in Werk- und Feiertage. Die nefasti werden mit einem „N“ gekennzeichnet.

### Ludi publici

Die öffentlichen Spiele Roms finden seit der Königszeit statt. Sie haben – abgesehen von den Gladiatorenkämpfen und Tierhetzen – religiösen Charakter und sollen den Göttern danken oder sie versöhnen. Man unterscheidet die sakralen Spiele der älteren Zeit wie Säkularspiele (**Ludi Capitolini**) von den großen magistratischen Spielen der republikanischen Zeit, etwa den **Ludi Romani** und **Ludi Plebei**. Daneben gibt es noch die **Ludi circensis**, die im Circus Maximus gefeiert werden. Sie bestehen aus sportlichen Wettkämpfen und Wagenrennen. Zu den bedeutendsten Festen zählen:

### Ludi Romani

Sie werden seit 366 v. Chr. alljährlich vom 5. bis 19. September zu Ehren Jupiters und zur Erinnerung an den 509 v. Chr. erbauten Tempel der kapitolinischen Trias **Jupiter**, **Juno** und **Minerva** gefeiert. Zur Erinnerung daran wird in die Tempeltür ein Nagel eingeschlagen, der als Schutz vor Seuchen wirken soll. Die Pompa circensis, ein feierlicher Zug vom Kapitolshügel zum Circus Maximus, bei dem die Attribute der kapitolinischen Götter und die Götterbilder auf prächtigen Wagen gefahren werden, leitet die Spiele ein. Beim anschließenden Festmahl des Senats werden bekleidete Statuen von Jupiter, Juno und Minerva auf Liegen gestellt, damit sie mit den Menschen feiern können. Anlässlich der Volksspiele werden im Circus große Wagenrennen abgehalten.

### Lupercalia

Das Fest ist dem italischen Hirtengott **Faunus** geweiht und gilt ursprünglich als Reinigungs- und

Sühnefest. Das Fest, das jährlich am 15. Februar gefeiert wird, soll der Ruhe der Toten dienlich sein. Die Priester des Bauern- und Hirtengottes, die Luperci, bringen in einer Grotte, der Lupercal, am Fuß des Palatinhügels (hier sollen Romulus und Remus, die legendären Stadtgründer Roms, von der Wölfin gesäugt worden sein) ein blutiges Opfer dar. Sie schlachten einen Hund und einen oder mehrere Ziegenböcke, schneiden das Fell der Opfertiere in lange schmale Streifen und laufen, nur mit einem Stück Fell bekleidet, um den Palatinhügel herum. Mit den Fellstreifen schlagen sie die Frauen, die ihnen über den Weg laufen. Die Frauen lassen dies jedoch in dem Glauben zu, dass dadurch ihre Fruchtbarkeit erhöht wird und sie leichter Kinder gebären können.

## Equirria

Der Märzmonat steht in Rom ganz im Zeichen des Kriegsgottes **Mars**. Nach einem Wagenrennen am Campus Martius tanzen zwölf Patrizier, zwölf Salier und das Priesterkollegium des Mars, reich geschmückt und singend durch die Straßen Roms. Ihre Route durch die nächtliche Stadt ist genau festgelegt.

## Saturnalia

Sehr beliebt sind die Saturnalia, ein Fest zu Ehren des Gottes **Saturnus**, die jedes Jahr vom 17. bis 23. Dezember in Rom stattfinden und mit einem Opfer vor dem Tempel des Gottes beginnen. In dieser Zeit ruht die Arbeit, die Stimmung ist ausgelassen und freizügig. Es herrscht eine Atmosphäre wie beim Karneval. Die sozialen Strukturen werden während dieses närrischen Treibens quasi auf den Kopf gestellt: Sklaven schenkt man die Freiheit und ihre ehemaligen Herren dürfen sie bedienen. Die absolute Redefreiheit nimmt so manche öffentliche Person ungehemmt ins Visier der Kritik.

## Ludi saecularis

Die Säkularspiele mit sportlichen Wettkämpfen und Opferungen werden in unregelmäßigen Abständen gefeiert. Traditionell sollen sie nur alle 100 Jahre begangen werden, um den Beginn eines neuen Jahrhunderts feierlich zu würdigen.

*Sklaven, römisches Relief*

# Germanische Mythologie

Ein Großteil der heute bekannten germanischen Mythen sind skandinavischen bzw. isländischen Ursprungs. Hier haben sich die mündlichen Überlieferungen auch am längsten erhalten können, da im skandinavischen Raum die Christianisierung erst im 11. Jh. n. Chr. abgeschlossen war. In Deutschland wurde der „alte" Glaube dagegen schon im 4. und 5. Jh. offiziell vom Christentum abgelöst. In Island trugen vor allem die Skalden, die in ihren Liedern und Sagas die Geschichten der Götter vortrugen, dazu bei, dass die Mythen an die nächste Generationen weitergegeben wurden.

*Odin*

## Zeugnisse und Quellen

„Die Germanen" hat es genau genommen nie gegeben. Zumindest dann nicht, wenn man die strengen Normen des Völkerbegriffs mit diesem Namen verbinden will. Als germanisch ist allenfalls eine schwer abzugrenzende Region des heutigen Europas mit einem bunten Gemisch von Stämmen und Völkern zu bezeichnen, die ein Weltbild prägte, das in der Wikingerzeit (Ende des 8. bis Mitte des 11. Jh. n. Chr.) seine endgültige Gestaltung fand. Als germanische Mythologie bezeichnet man demzufolge zusammenfassend die Glaubensvorstellungen aller nordischen Stämme, zu denen die jetzigen Deutschen, Niederländer, Dänen, Schweden, Norweger, Isländer und Engländer gehörten. Bereits bei Letzteren macht sich jedoch der weitaus ältere keltische Einfluss Irlands bemerkbar. Die Glaubensvorstellungen der Nord-, West- und Ostgermanen weisen zwar keine absolute Übereinstimmung auf, aber in wesentlichen Anschauungen und mythologischen Vorstellungen werden die gemeinsamen Wurzeln deutlich.

Die ältesten germanischen Zeugnisse sind archäologische Funde wie der in Dänemark gefundene **Trundholmer Sonnenwagen** aus der Zeit zwischen 1400 und 1200 v. Chr. Später kamen skandinavische Bildsteine und Runeninschriften hinzu. Die ersten schriftlichen Berichte über germanische Stämme, deren Alltag und ihre Glaubensvorstellungen stammen jedoch aus römischen Federn: Caesars (100–44 v. Chr.) Bücher über den Gallischen Krieg und die *Annalen* des Gelehrten Tacitus (55–117 n. Chr.) liefern die eindrucksvollsten Schilderungen. Die um 1075 von Adam von Bremen verfassten *Missionsberichte* ergänzen das Wissen über Skandinavien. Sie werden von den altnordischen Texten der *Älteren Edda*, eine Liedersammlung mit Götter- und Heldensagen, vervollständigt. Der größte Teil, der so genannte *Codex regius* wurde wahrscheinlich im 13. Jh. verfasst und enthält mehr als 30 Gedichte und Liedfragmente, von denen die meisten aus der Wikingerzeit stammen. Die wichtigste erhaltene Quelle über die germanische Mythologie ist die so genannte *Snorra Edda*, benannt nach dem Verfasser Snorri Sturluson. Snorri lebte von 1197 bis 1241 in Island . Er war Gelehrter und Staatsmann. Seine um 1220 aufgeschriebene Prosa *Edda* stellt ursprünglich ein Lehrbuch dar.

*Runeninschriften auf Stein*

### ! Zeugnisse germanischer Mythen

Weitere Zeugnisse der germanischen Mythologie sind die althochdeutschen *Merseburger Zaubersprüche* aus dem 10. Jh., isländische Götter- und Heldenlieder, verschiedene Familiensagas aus dem 8. und 9. Jh., die *Ynglingasaga* und *Välsungasaga* isländischer Herkunft sowie die Siegfriedsage und das Nibelungenlied aus der höfisch-staufischen Dichtung des 13. Jh.

## Grundzüge der germanischen Religion

Auch wenn es eine allen gemeinsame „germanische Religion“ nicht gibt, bestehen doch regionale Eigenheiten und folglich verschiedene Riten und Gebräuche. Auch ist allen Stämmen der Glaube an eine Vielzahl von Göttern gemein. Ein mächtiger Gott allein ist in der Vorstellung der Menschen nicht ausreichend, Naturerscheinungen und andere geheimnisvolle Dinge zu erklären. Diffuse Götterfamilien, Geister,

Kobolde, Drachen, Zwerge und Riesen bestimmen die Glaubensvorstellungen der Völker.

Zu den ältesten gehören die Riesen, vergleichbar mit den Hundertarmigen, Zyklopen und Titanen der Griechen. Wie diese mit den olympischen Göttern, so liegen auch die Riesen mit den **Asen**, einer kriegerisch gesinnten Götterfamilie, in Streit. Gegenteil der Asen sind die **Vanen**, friedfertige Götter, die eher mutterrechtlich-bäuerlich orientiert leben. In der Tiefe der Erde hausen kunstfertige Zwerge, die Göttern und Menschen meist wohl gesinnt waren. Bäche und Gewässer bewohnen märchenhafte Nixen.

## Vermenschlichte Götter

Im Wesentlichen ist die vielgestaltige Götterschar altnordischer Überlieferungen in Aussehen und Charakter menschenähnlich. Die persönlichen Erfahrungen der Bewohner in ihrer unwirtlichen Umwelt bestimmen auch die sagenhaften Lebensräume ihrer Götter. Die germanischen Gottheiten herrschen über die Welt und die Menschen und sind meist damit beschäftigt, Heldentaten zu vollbringen. Sie befinden sich in ständigem Konflikt, entweder untereinander oder mit anderen übernatürlichen Wesen. Doch wenn ihnen ihr hohes Götteramt die Zeit lässt, führen sie ein Alltagsleben wie die Menschen auf der Erde. Gern sitzen sie in der Tafelrunde zusammen und genießen die Annehmlichkeiten des Götterdaseins. Opulente Trink- und Essgelage gehören deshalb auch zu ihren Lieblingsbeschäftigungen. Sie haben Spaß an der Jagd und am Reiten, lieben schnelle Pferde, gutes Bier und das Brettspiel. Der „Alltag" der Götter erinnert insgesamt an das Leben, das damals germanische Adlige geführt haben mögen.

### ! Ewiges Leben

Im Gegensatz zu den griechischen und römischen Göttern ist den Göttern der Germanen kein ewiges Leben beschieden. Die Götterdämmerung bzw. der Weltuntergang (altnord. **Ragnarök**) wird nach germanischen Vorstellungen auch sie einmal sterben lassen.

## Schicksal

Die Götter sind zwar mächtig, aber nicht vollkommen. Wie alle anderen Geschöpfe sind auch sie dem Schicksal unterworfen. Bestimmend ist eine übergeordnete und immerwährende Kraft, die nach einem Urgesetz über Leben und Tod entscheidet. Diese höchste Macht existierte schon vor dem Werden von Göttern und Menschen. Wie die griechischen Moiren, so unterstehen alle Geschöpfe den **Nornen**, den drei Schicksalsgöttinnen **Urd**, **Verdandi** und **Skuld**. Die Nornen leben unweit der Quelle **Urdarborn** und bringen den Menschen Glück, aber eben auch Unglück.

## Priestertum und Kult

Einen eigenen Priesterstand wie etwa die Druiden bei den Kelten am westlichen Rand des heutigen Europas gibt es bei den Germanen nicht. Höchster Priester des offiziellen Kultes ist entweder der höchste Verwaltungsbeamte oder der König selbst. Er vollzieht die rituelle Tötung des Opfertieres (blot), an die sich das Festmahl anschließt. Pferde zählen zu den bedeutendsten Opfertieren. Das Blut der getöteten Tiere (hlaut) weiht man den Göttern und sprenkelt es dann mit einem Zweig (hlautteinn) auf die Anwesenden. Findet die Opferzeremonie in einem Tempel statt, streicht man zudem Blut auf die Innen- und Außenwände des Tempels. Den Rest gießt man über den Altar (hoerg, stallr). Im Verlauf des sich anschließenden Festschmauses (Veitsla) bekommen die Götter Kopf, Haut und Knochen der Opfertiere, die genießbaren Teile werden zubereitet und in der Gemeinschaft verspeist. Anschließend folgt das rituelle Kreisen des Bierhorns, das Sumble.

Die wichtigsten Opferzeiten im germanischen Kult sind der Herbst, die Mitwinterzeit und der Sommer. Die Disenopfer am 15. Oktober zu Ehren der **Fruchtbarkeitsgöttinnen** und **Geburtshelferinnen** (Disen) sind mit einem großen Trink- und Essgelage verbunden; sie sind für Schweden und Norwegen bezeugt. Jedes neunte Jahr wird ein besonders prachtvolles Opferfest gefeiert, der Überlieferung nach wohl in Uppsala, einem alten schwedischen Königssitz und Heiligtum mit Hügelgräbern.

Die Kulthandlungen finden im Allgemeinen im Freien statt. Geweihte Bezirke können eingehegte Waldstücke, einzelne Bäume oder Säulen sein. Aber auch in Tempeln ehrt man die mächtigen Götter. Der bedeutendste Tempel soll in Uppsala gestanden haben – nach Adam von Bremen wurde hier der Regen- und Sonnengott **Freyr** verehrt. Auch Götterbilder stehen mit Kulthandlungen in Zusammenhang. Häufig findet der Dienst an den Göttern aber im heimischen Bereich statt.

## Unterwelt

In der germanischen Glaubensvorstellung gibt es ein Leben nach dem Tod. Die Vorstellungen, die damit verbunden sind, wirken allerdings nicht gerade einladend: Die Schatten der Verstorbenen hausen erbärmlich in der Unterwelt. **Hel** waltet als strenge Richterin über Gut und Böse und auf die Schuldbeladenen und Frevler wartet ein furchtbares Schicksal. Die Göttin sendet alle in die unteren Tiefen ihres Reiches (Niflhel), wo Kälte, Nebel und Dunkelheit herrschen. Unter grausamen Qualen müssen sie dort das büßen, was sie zu Lebzeiten Böses getan haben. Wie beim griechischen Hades der Kerberos, so lauert vor dem Reich der Hel ein blutiger Hund von riesenhafter Größe den Verstorbenen auf. Kein Wunder also, dass die christliche Religion mit ihrer Sündenvergebung bei den Germanen einen einzigartigen Siegeszug antreten konnte.

## Der Ursprung des Lebens

Die Sagen um die Weltschöpfung sind im Wesentlichen der skandinavischen oder nordischen Überlieferung zu verdanken. Die Entstehung der Welt vollzog sich nach germanischem Mythos aus den Körperteilen eines riesenhaften Urwesens, das **Ymir** hieß. So waren am Anfang Kälte und Hitze. Auf der einen Seite im Norden das kalte und dunkle Niflheim mit Frost und Nebel, auf der anderen Seite im Süden das helle und heiße Muspelsheim, ein Meer von lodernden Flammen. Zwischen ihnen war lediglich eine große gähnende Schlucht, Ginnungagap. In dieser gewaltigen Leere, in Ginnungagap, nimmt der Sage nach das Leben seinen Anfang: Langsam beginnt der Schnee zu schmelzen, und geformt von der Kälte, aber von der Hitze zum Leben erweckt, entsteht ein seltsames Wesen, der Frostriese Ymir. Der Sage nach hat es niemals wieder einen größeren Riesen gegeben.

### ! Ur-Erde

„Urzeit war es, da Ymir hauste: nicht war Sand noch See noch Salzwogen, nicht Erde unten, noch oben Himmel, Gähnung grundlos, doch Gras nirgend." (Edda, Völuspa, 3)

Die Tropfen des schmelzenden Eises formen noch ein anderes Wesen: eine riesige Kuh mit Euter und Hörnern. Sie heißt **Audhumbla**, die Saftreiche. Ihre überreichliche Milch fließt in mächtigen Strömen aus ihren gewaltigen Zitzen und ernährt den Riesen Ymir. Da auf der Erde noch kein Gras wächst, ernährt sich die Kuh Audhumbla zunächst von salzigen Eisblöcken.

Dabei geschieht etwas Merkwürdiges: Als sie die Blöcke beleckt, sprießt aus einem von ihnen plötzlich langes Menschenhaar. Am folgenden Tag erscheint ein Kopf mit einem Gesicht. Und am dritten Tag legt sie beim Lecken einen ganzen Männerkörper frei. Er ist hoch gewachsen, schön und heißt **Buri** – von ihm stammen die Götter ab, die später Asen genannt werden.

Als der Riese Ymir schläft, wachsen ihm unter seinem linken Arm Mann und Frau. Ymirs Füße wollen seinen Armen offensichtlich in nichts nachstehen: Sie paaren sich, und ein Sohn mit sechs Köpfen wird geboren. Damit ist der Ursprung der Geschlechter der **Hrimthursen** gelegt, die Trolle und Riesen sind „geboren".

Den verschiedenen Geschöpfen muss es lange Zeit gelungen sein, in Frieden miteinander zu leben, da sie eine Vielzahl von Kindern miteinander zeugen. **Odin**, der später Oberhaupt aller Götter wurde, ist der Sohn der Riesentochter Bestla und von Bur, dem Sohn von Buri.

Doch eines Tages üben Odin und seine Brüder **Vili** und **Ve** den Aufstand gegen Ymir und sein Geschlecht. Es kommt zu einem schweren Kampf. Odin und seine Brüder siegen. Sie töten Ymir und aus seinen Wunden ergießen sich Ströme von Blut über die Feinde der Asen, die alle – bis auf zwei – ertrinken. Von diesem Riesenpaar, das in die Nebelwelt flüchtet und sich dort versteckt, stammen alle späteren Hrimthursengeschlechter ab. Auch Audhumla, die erste Kuh, muss in den Abgrund gespült worden sein, denn nie wieder hat jemand von ihr gehört ...

## Die Entstehung der Welt

Die Asen schleppen den toten Ymir bis in die Mitte der Schlucht Ginnungagap und erschaffen aus seinem totem Leib das Weltall. Aus seinem Blut entstehen Meer und Wasser, aus seinem Fleisch die Erde, aus seinen Haaren die Bäume, aus den Knochen die Berge, aus seinen Zähnen, Wangen und zerbrochenen Beinen die Felsen und Klippen, aus seinen Augenbrauen die Wohnung der Menschenwelt, Midgard. Aus seinem Schädel formen sie den Himmel, der sich mit vier Ecken über die Erde wölbt. An diese Ecken setzten die Götter je einen Zwerg als Wächter, **Austri** (Osten), **Westri** (Westen), **Nordi** (Norden) und **Sudri** (Süden). Die Zwerge haben die Götter zuvor aus den Maden, die aus dem Körper Ymirs gekrabbelt waren, erschaffen. Luft und Wolken entspringen aus dem Gehirn des Riesen.

## Die Erschaffung des Menschen

Als Odin und seine Brüder Vili und Ve einmal am Meeresstrand entlanggehen, finden sie zwei an Land gespülte Baumstämme. Sie nehmen die Stämme und formen Menschen daraus. Odin haucht ihnen Leben ein, sodass sie selbst atmen und leben können. Vili verleiht ihnen Verstand und Bewegung. Ve gibt ihnen Antlitz, Sprache, Gehör und Gesicht. Anschließend geben sie ihnen noch Wärme und Farbe – damit sind die Stämme kein Treibholz mehr, sondern Mann und Frau.

Die Asen geben dem Mann den Namen **Aski** (Esche) und der Frau den Namen **Embla** (Rebe). Von diesem Ur-Menschenpaar stammen alle weiteren Menschen ab.

## Das germanische Weltbild

In der Mitte der Welt liegt **Midgard**, die von den Menschen bewohnte Welt. Sie ist von einem großen Ozean umgeben, in dem ein gewaltiges Ungeheuer, die Midgardschlange, lebt. Im Himmel liegt **Asgard**, der Wohnsitz der Asen, dort stehen prächtige Schlösser, in denen jeder Gott seinen eigenen Lebensbereich hat. Zu Asgard gehört auch **Walhall**, die Halle der Gefallenen oder Erwählten, in der germanischen Jenseitsvorstellung die Wohnung der im Kriegskampf Gefallenen. Die Dienerinnen des Gottes Odin, die **Walküren**, bringen die Kämpfer auf ihren windschnellen Pferden nach Asgard, wo Odin sie als Helden empfängt. Nach ihrem Eingang in Walhall werden die Gefallenen Schreckensbekämpfer (**Einheriar**), die sich fortan im Kampf auf die Unterstützung der Götter bei der Götterdämmerung (Weltuntergang) vorbereiten.

Der Weg nach Asgard führt über die Regenbogenbrücke (**Bifröst**). Nur Götter und Helden dürfen sie betreten, doch dereinst wird die Brücke unter den heranstürmenden Feuerriesen zusammenbrechen. Der starke Wächter von Asgard ist der Gott **Heimdal**. Er verkündet den Göttern jede Gefahr, indem er in sein Horn stößt, und auch den Anbruch des letzten Kampfes, die Götterdämmerung, wird er vermelden.

## Yggdrasil – der Weltbaum

Die immergrüne **Weltesche** ist der heiligste Baum der Germanen. Die Vorstellung dieser und ähnlicher Himmelsbäume hängt mit dem in der Urzeit weit verbreiteten Baumkult zusammen.

Die Zweige der Esche breiten sich nach germanischer Vorstellung über die ganze Welt aus und reichen hinauf bis über den Himmel. Drei Wurzeln halten ihn aufrecht:

Eine Wurzel reicht zur Unterwelt der Asen, die andere zu den Hrimthursen, wo einst Ginnungagap war, die dritte steht über Niflheim. Unter der ersten Wurzel ist die Quelle Hvergelmir, an der der Neiddrache **Nidhöggr** von unten nagt. An der anderen Wurzel, die sich zu den Hrimthursen erstreckt, ist der Brunnen der Weisheit, der von Mimir gehütet wird. Unter der dritten Wurzel, die zum unteren Himmel der Asen geht, befindet sich der heilige Brunnen des Urd: der Gerichtsstätte der Götter, wohin die Asen täglich über Bifröst reiten. Bewacht wird die Weltesche von den Nornen, den drei Schicksalsgöttinnen.

Auf der Spitze des Lebensbaums sitzt ein Adler und beobachtet die Welt. Zwischen seinen Augen thront der Habicht **Wedfölnir** als Wettermacher. Das Eichhörnchen **Ratatöskr** rast der Sage nach zwischen dem Adler und Nidhöggr hin und her, um den übrigen Bewohnern, insbesondere dem Drachen und dem Adler, zuzutragen, was der eine über den anderen sagt. Das Eichhörnchen als Sinnbild für Zwietracht und Feindseligkeiten in der Welt schürt den Streit zwischen beiden. Daneben scharen sich noch viele andere Tiere um den Lebensbaum: Die Ziege Heidrun lebt im Geäst der Esche, ihre Milch ernährt die Krieger des Gottes Odin. Vier Hirsche laufen umher und beißen die Knospen des Baumes ab. Sie heißen Dwain, Dwalin, Dunneir, Durathror. „Und so viele Schlangen sind in Hvergelmir bei Nidhöggr, dass es keine Zunge zählen mag“ (Edda, Gylfaginning). Auch zwei Schwäne nähren sich vom Urdbrunnen.

*Die Edda, Thor*

### ? Schon gewusst?

Nach germanischer Vorstellung leitet das Welken des Weltbaumes, der ansonsten immer grünt, den Beginn der Götterdämmerung ein.

## Die Götterdämmerung

Der Glaube an den Weltuntergang mit allen seinen grauenvollen Ereignissen hat in der germanischen Mythologie seinen festen Platz. Auch den Göttergeschlechtern ist in dieser Vorstellung kein Glück bzw. ewiges Leben beschieden. Beste Quelle für den Weltuntergang ist das in der *Edda* enthaltene visionäre Werk *Völuspa*.

Das Drama kündigt sich durch böse Vorzeichen an. Die einst

immergrüne Weltesche beginnt zu welken und zu beben und die Sonne verfinstert sich. Einschneidend jedoch ist die Ermordung **Baldurs**, Gott der Sonne und des Lichts, die Personifikation des Guten. Sein Tod markiert den Niedergang der Welt. Fimbulwinter bricht an. Drei Jahre herrscht eine derartige Eiseskälte, dass alles verödet.

Heimdal bläst in sein Horn und die entscheidende Schlacht zwischen den Göttern und ihren Feinden beginnt. Von drei Seiten zugleich greifen die Feinde die Götterburg an. Von Osten her steuert das Verderben bringende Schiff Naglfar heran, das aus den Nägeln der Verstorbenen gebaut ist, von einem mächtigen Frostriesen gesteuert und mit Riesen bemannt. **Loki**, der verschlagene Feuergott, führt auf einem zweiten Fahrzeug von Süden her die Feuerriesen an, an deren Spitze der Ur-Riese **Surt** aus Muspelheim steht. **Hel** kommt mit ihrem Schiff von Norden. Als der oberste der Feuerriesen, Surt, über Bifröst den Götterwohnsitz Asgard erstürmt, bricht die Regenbogenbrücke zusammen und der Himmel spaltet sich.

Die Asen und Einheriar rücken zu ihrem letzten Kampf an. Der Göttervater Odin tritt kühn dem ungeheuren Fenriswolf entgegen, der den Rachen von der Erde bis zum Himmel aufreißt. Doch er hat keine Chance: Das Ungeheuer verschlingt den Gott. Thor kämpft gegen die Midgardschlange, mit seinem Hammer zerschmettert er ihr Haupt, sinkt aber selbst zu Boden und wird schließlich von ihrem Gift getötet. Nacheinander sterben alle Götter. Surt zündet den Erdball an, und in den lodernden Flammen vergeht alles, was einmal war: Himmel, Erde und Meer, Riesen und Götter.

## Die germanische Götterwelt

Die germanischen Völker verehren die Gottheiten zweier Götterstämme. Die in der Burg Asgard lebenden **Asen** sind wie die Menschen der Zeit unterworfen, sie

> **! Beginn des Goldenen Zeitalters**
>
> Dennoch bedeutete die Götterdämmerung nicht ein Ende für immer und ewig. Nach germanischen Vorstellungen wird nach einer langen Zeit die Welt als neue Schöpfung entstehen. **Baldur**, der gute unter den Göttern, kehrt zurück und alle Bewohner von Himmel und Erde leben harmonisch miteinander. Dies ist dann der Beginn des Goldenen Zeitalters.

*Asen*

altern und müssen deshalb von den Äpfeln der Jugendgöttin Idun essen, um ihre Jugend zu erhalten. Ursprünglich wurden die Asen als **Luftgeister** verehrt, die Seelen Verstorbener waren. Erst mit der zunehmenden Verehrung Odins als Anführer des Totenheeres werden die Asen das vorherrschende Göttergeschlecht.

Beim zweiten Götterstamm, den **Vanen**, handelt es sich um eine ältere und kleinere Gruppe von Fruchtbarkeitsgottheiten, Beschützerinnen der Bauern, Seefahrer und Fischer, die von der Göttin Nerthus stammen sollen. Sie gelten als ältere, von den kriegerischen Asen verdrängte skandinavische Gottheiten, friedliebende **Naturgeister**, denen die Pflege von Feldern und Äckern obliegt. Die friedlichen Vanen sind bei den Menschen sehr beliebt, sie leben in Vanenheim, das man im Inneren der Erde und in den Tiefen des Meeres lokalisiert.

Durch **Gullveig**, eine Zauberin der Vanen, erfahren die Asen von den kostbaren Schätzen, die das vanische Göttergeschlecht besitzt. Die Gier nach Reichtum führt schließlich dazu, dass sie kriegerisch gegen die Vanen vorgehen. Doch es kommt zum Friedensschluss zwischen beiden Göttergeschlechtern. Der ausgehandelte ewige Frieden legt die Gleichberechtigung beider Götterfamilien fest. Als Symbol der Verständigung tauscht man Geiseln aus: Die Vanen müssen den Asen

## Schon gewusst?

Zwar gilt seit dem Friedensschluss **Odin** als höchster Gott der Asen, aber die Vanen bleiben in hohem Ansehen, viele behalten die Ehrfurcht vor ihren Zauberkräften. Allgemein gelten die Vanen für weiser als die Asen.

Freyr, Freyja und Njörd sowie den Zwerg Kvasir als Geiseln überlassen, im Gegenzug erhalten sie Hönir und Mimir.

# Die Asen

Die bedeutendsten zwölf Asen leben in der Himmelsburg **Asgard**, jeder von ihnen besitzt ein prächtiges Schloss. Ihnen an die Seite gestellt sind andere Asen und eine Vielzahl von Asinnen.

## Odin (Wodan, Wotan) – erster Gott der Asen

Der Fürst der Götter und Menschen – auch Allvater genannt und Sohn des Ur-Riesenpaares Bör und Bestla – thront auf Asgards lichten Höhen. Er hat zwei Brüder, Vili und Ve. Auf seinen Schultern sitzen die Raben **Hugin** (Gedanke) und **Munin** (Erinnerung) und flüstern ihm zu, was auf der Erde passiert. Zu seinen Füßen liegen die zwei riesigen Wölfe Freki und Geri, die Begleiter des Gottes auf dem Schlachtfeld.

Mit seiner Ehefrau, der Vanin Freyja (Frigg) zeugt er Baldur (Balder), Hödur und Hermod.

Odin werden eine Fülle von Charaktereigenschaften und Aufgaben zugeschrieben: Er ist gleichermaßen **Himmels-**, **Kriegs-** und **Totengott**. Er gilt als Gott der **Weisheit**, aber auch als Gott der **Magie** und **Ekstase**. Er soll die Runen, die ältesten germanischen Schriftzeichen, erfunden haben. Der Sage nach verhilft ihm ein Trunk aus der von Mimir bewachten Quelle der Weisheit dazu, allerdings muss der mächtige Allvater dafür ein Auge opfern. Die Fülle seiner Macht zeigt sich darin, dass ihm (in einigen Überlieferungen) die Erschaffung des ersten Menschenpaares zugeschrieben wird.

Seinen Reichtum verdankt er dem goldenen **Ring** Draupnir, der sich ständig vermehrt. Im Kampf verlässt er sich auf den **Speer** Gungnir; er besitzt einen blauen Man-

*Odin*

tel, einen Helm und das achtbeinige **Zauberpferd** Sleipnir. Seine Dienerinnen sind die Walküren, Jungfrauen, welche die in den Schlachten Gefallenen nach Walhall bringen, wo sie zu neuem Leben erweckt werden und sich als Einheriar täglich im Kampf für die Götterdämmerung, die letzte Schlacht, rüsten.

Odin verwandelt sich gern, am liebsten in einen **Raben** oder eine **Schlange**. Seine Stimmungen schwanken: Er kann hilfsbereit und gütig, aber auch jähzornig und grausam sein. Der Gott zieht gern durch die Welt, besucht seine Schützlinge und prüft deren Gastfreundschaft. Wie der griechische Göttervater Zeus, so gilt Odin als Stammvater und besonderer Beschützer aller Königs- und Heldengeschlechter.

*Freja*

## Freyja – höchste Göttin der Asen

Als Tochter des Meergottes Njörd und der Riesin Skadi gehört Freyja (Frigg) dem Geschlecht der Vanen an. Nach dem Krieg zwischen Vanen und Asen kommt sie zusammen mit ihrem Vater und Bruder als Geisel zu den Asen und wird die Ehefrau des Allvaters Odin. Freyja ist die bedeutendste Göttin der nordischen Mythen.

Zusammen mit ihrem Ehemann thront sie auf dem Hochsitz im Göttersaal, und wenn sie Reisen unternimmt, fährt sie mit ihrem von einer Meute Katzen gezogenen Wagen durch die Lande. Als Göttin der **Liebe**, **Ehe** und **Fruchtbarkeit** ist Freyja bei Frauen besonders beliebt. Doch als Oberhaupt der Walküren trägt die höchste Göttin, die in Folkvang residiert, auch kriegerische Züge.

Als Lehrerin der Magie lehrt Freyja die Asen ihren Zauber Seidr. Mit ihrem magischen Falkengewand kann sie sich jederzeit in einen Vogel verwandeln. Einen ihrer zahlreichen Liebhaber soll sie in einen Eber verzaubert haben.

Ihr Attribut ist die kostbare **Halskette** Brisingamen. Diese erwirbt sie, sehr zum Unwillen ihres Ehemannes Odin, indem sie vier Nächte mit Zwergen verbringt.

## Baldur – Gott des Lichtes und des Frühlings

Der Sohn von Odin und Freyja gilt in der Mythologie als Personifikation des Guten. Er ist **Lichtgott**, Gott der **Reinheit**, **Wahrheit**, **Schönheit** und **Gerechtigkeit**. Er ist aber auch Gott des Frühlings und durch sein Schicksal sterbender und auferstehender Gott. Als Feind allen Unrechts trägt er den Beinamen „Der Strahlende“.

Verheiratet ist Baldur mit Nanna, die ihm den Sohn Forseti, dem Richtergott, schenkt. Sie leben im befriedeten Bezirk Breidablick. Der Gott gilt als der sanftmütigste aller Gottheiten, und mit seiner jugendlichen Schönheit und seinen langen blonden Haaren auch als einer der schönsten.

Doch ihn quälen Albträume, die auf eine Bedrohung seines Lebens hindeuten. Eine Seherin offenbart Odin schließlich, dass Baldur von seinem Bruder Hödur getötet werden würde. Freyja nimmt daraufhin allen Geschöpfen – Lebewesen, Pflanzen und auch Steinen – das Versprechen ab, ihrem Sohn kein Leid zuzufügen. Leider vergisst sie die Mistel – was Loki in Erfahrung bringt. Während einer Thing-Versammlung schießen die Asen zum Spaß auf Baldur, um dessen Verwundbarkeit zu prüfen. Loki fertigt einen Pfeil aus der Mistel und reicht diesen Hödur. Der blinde Sohn von Freyja und Odin schießt ahnungslos auf Baldur und tötet ihn. Damit nimmt die Götterdämmerung ihren Anfang.

Der Sage nach werden Baldur und sein Bruder nach dem Weltuntergang wiederkehren, sich versöhnen und die neue friedliche Welt aufbauen und beherrschen.

## Nanna – Muttergöttin und Göttin der Pflanzen

Nanna, die Blütengöttin und Göttin der Pflanzen gehört nicht zu den Asen, ist aber mit Baldur verheiratet. Als dieser von seinem Bruder getötet wird, ist sie so traurig, dass sie sich zu ihm auf den Scheiterhaufen legt und mit verbrannt wird. Nannas Leichnam wird neben dem Baldurs auf dem Schiff Hringhorni bestattet.

## Forseti – Gott der Gerechtigkeit

Forseti, der Sohn Baldurs und Nannas ist der germanische Gott des **Rechts** und des **Gesetzes**. Er ist Gott der Gerechtigkeit, Vorsitzender der Thing-Versammlung und gilt überdies als Gott des Windes und des Fischfangs. Er lebt in Glastheim und residiert in einem Saal, der in Gold und Silber glänzt. Hier sitzt er zu Gericht und schlichtet Streitigkeiten. Forseti gilt als der Vernünftigste unter den Göttern, aber diejenigen, die keinen Frieden wollen, tötet er.

## Tyr – Gott des Krieges

Zu den bedeutendsten Götter der Asen zählt der **Kriegsgott** Tyr (Ziu, Tiu). Der Sohn einer namenlosen Riesin und des Riesen Hymir gilt als sehr tapfer. Er ist kein blindwütig kämpfender Krieger, sondern ein Gott des ehrenhaften Kampfes. Als Waffe dient ihm ein Speer. Die Ankettung des Fenriswolfes, bei der er seine rechte Hand verliert, gilt als seine größte Heldentat. Während der Götterdämmerung tötet Tyr den Höllenhund Garm, verblutet dann aber selbst an seinen Wunden.

## Thor – Gott des Donners

Der Sohn von Odin und Jörd beschützt die Menschen vor den Riesen und Dämonen. Mit dem Hammer Miölnir kann er alles zerschmettern. Die Wunderwaffe, welche die Zwerge Sindri und Bokkr aus einem Stück Eisen schmiedeten, verfehlt niemals ihr Ziel und kehrt stets in Thors (Donar) Hand zurück. Seine größte Feindin, die Midgardschlange, versucht er mehrfach vergeblich zu töten. Es gelingt ihm erst in der Götterdämmerung, allerdings verliert er dabei selbst sein Leben.

Thor ist nicht nur **Schutzgott**, sondern auch **Wetter-**, **Donner-**, **Gewitter-** und **Fruchtbarkeitsgott**. Er wohnt in Thrudvangar in Asgard und ist mit Sif, der Vegetationsgöttin, verheiratet. Ihre Kinder sind Thrudr und Lorride.Thor ist bärenstark und liegt ständig in Streit mit den Riesen. Viele von ihnen besiegt er: Geirröd, Hrungnir, Hymir, Skrymir, Thrivaldi, Thiassi und Trymir.

### ? Schon gewusst?

Vor allem Bauern verehren den mächtigen Thor, dessen Kult besonders in Island und Norwegen verbreitet war. Odin spielte hier eher eine untergeordnete Rolle.

*Thor*

## Sif – Göttin der Fruchtbarkeit

Die Ehefrau Thors und Mutter von Ullr, dem Gott des Winters, ist Göttin der **Vegetation** und des goldenen **Ährenfeldes**. Sif gilt als wahre Schönheit, vor allem ihr langes goldenes Haar hat es ihrem Mann angetan. Als Loki dieses eines Tages heimtückisch abschneidet, gerät Thor in Wut. Loki lässt daraufhin neues schönes Goldhaar für Sif von den Zwergen schmieden. Das prächtige goldener Haar der Vegetationsgöttin versinnbildlicht reifes Korn und damit Fruchtbarkeit.

## Skadi – Göttin des Eisens und der Jagd

Die Riesin Skadi ist **Berggöttin**, Göttin der **Jagd**, des **Schnees** und des **Eisens**. Die Tochter des Riesen Thiassi ist mit Njörd, dem Meergott, verheiratet. Die Ehe verläuft nicht besonders glücklich, zu stark sind die Gegensätze: Skadi zieht es in die Berge und auf die Jagd, Njörd liebt das Meer und die Seefahrt. Sie einigen sich, jeweils neun Nächte am Lieblingsort des anderen zu verbringen, doch die Lösung ist nicht von Dauer. Sie trennen sich und Skadi heiratet Ullr, den Gott des Winters.

## Ullr – Gott des Winters

Der Sohn von Sif und Stiefsohn von Thor (sein Vater soll ein Eisriese gewesen sein) gilt als hervorragender Bogenschütze und Skifahrer. Er ist Gott des **Winters**, der **Jagd**, des **Bogenschießens** und des **Skilaufens**. Darüber hinaus ist er Weidegott und Schutzgott des Zweikampfes.

Verheiratet ist er mit der Berg- und Jagdgöttin Skadi, sie leben in Ydalir. Am wohlsten fühlt sich Ullr, der bisweilen auch als **Totengott** betrachtet wird, im Winter, wenn Eis und Kälte herrschen.

## Idun – Göttin der ewigen Jugend

Die Tochter des Zwerges Ivaldi ist Ehefrau des Dichtergottes Bragi. Sie behütet das ganz im Westen gelegene **Apfelland** mit den goldenen Äpfeln: ein Jungbrunnen, von dem die Asen regelmäßig essen müssen, um bis zur Götterdämmerung fit zu bleiben. Denn ansonsten würden die Götter rasch ihre Jugendlichkeit verlieren.

Als der Riese Thiassi einmal die Göttin der ewigen Jugend entführt, beginnen die großen Götter – ohne ihre Äpfel – sofort zu altern. Es zeigt sich, dass Loki in die Sache verstrickt ist. Man zwingt ihn, Idun samt Äpfel wieder herbeizuschaffen und droht ihm mit dem Tod, sollte er die Göttin nicht aus den Händen des Riesen befreien. Loki leiht sich von Freiya das Falkengewand und fliegt damit nach Jötunenheim (Utgard). Dort ist Thiassi gerade aus seiner Höhle gerudert und so kann Loki Idun in eine Nuss verwandeln, die er in seinen Falkenklauen mit nach Asgard nimmt. Thiassi bemerkte den Verlust und folgt beiden als Adler. In Asgard warten die Asen bereits. Sie haben

Hobelspäne in der Burg verstreut um diese nach der Ankunft von Loki und Idun zu entzünden. Die Flammen greifen auf das Gefieder des Adlers Thiassi über und dieser fällt zu Boden. Mit den Äpfeln der Idun kehrt die Jugend wieder nach Asgard zurück. Idun (Idhun, Iduna) ist auch die Göttin des **Frühlings** und der **Fruchtbarkeit**.

## Njörd – Gott des Meeres

Der **Meergott** und Schutzgott der **Seefahrer** und **Fischer** gelangt nach dem Asen-Vanen-Krieg zusammen mit seinen beiden Kindern Freyja und Frey als Geisel zu den Asen. Erst zur Götterdämmerung wird er wieder zu den Vanen zurückkehren können.

Der freundliche Gott gilt als Gegenpol zu dem eher aufbrausenden Meergott Aegir, der mit Ran zahlreiche Töchter (Wellen) zeugt. Aegir trägt den berühmten Aegirshelm, der jeden Menschen, der ihn ansieht, in Stein verwandelt. Ganz anders ist Njörd, der in dem Palast Noatun (Schiffsstadt) lebt. Er verkörpert die ruhige See und das schöne Wetter. Er liebt **Schwäne** und **Robben**. Als **Fruchtbarkeitsgott** spendet Njörd die Ernte. Seine Ehe mit der Schnee- und Eisgöttin Skadi verläuft unglücklich: Skadi bevorzugt das Leben in den Bergen, Njörd liebt das Wasser.

## Heimdal – Wächter der Götter

Von seinem Schloss Himinbjörg aus überwacht der „Hellerleuchtende“ die Regenbogenbrücke Bifröst. Heimdal (Heimdallr) sieht alles, was dort geschieht. Nichts entgeht seinem scharfen Blick. Als Loki, Heimdals erbitterter Feind, seiner Ehefrau das berühmte von Zwergen angefertigte Halsband Brisingamen wegnimmt, bringt Heimdal es der Bestohlenen nach einem erbitterten Kampf mit Loki wieder zurück. Sein **Horn** Gjallarhorn, mit dem er die Götterdämmerung ankündigen wird, liegt unter der Wurzel der Weltesche Yggdrasil.

### ? Schon gewusst?

Einen ähnlichen Apfelgarten wie den von Idun besitzt auch die griechische Mythologie mit dem Garten der Hesperiden und auch die Kelten haben mit dem paradiesischem Land Avalon eine Entsprechung.

Der Schutzgott ist Sohn von neun Müttern, den so genannten Aegirstöchtern. Sein Vater ist Odin. Der auch als allwissender **Himmelsgott** verehrte Heimdal wird des Öfteren auch als **Widdergott** bezeichnet. Heimdal gilt als gütiger, sanftmütiger und als überaus milder Gott.

## Loki – Gott des Bösen und des Feuers

Er ist Gott des **Feuers**, Sohn des Riesen Farbauti und eigentlich kein Ase. Loki wird jedoch durch die Blutsbrüderschaft mit Odin in das Geschlecht der Asen aufgenommen.

Er gilt als listig und verschlagen, böse und gemein. Um seine Ziele durchzusetzen, wechselt er seine Gestalt in **Adler**, **Stute** oder **Lachs**. Mit seinen Schuhen kann Loki durch Luft und Wasser gehen. Mal gebärdet er sich als Freund, mal als Feind der anderen Götter. Wenn es ihm gefällt, unterstützt er die Götter – das beweist seine Hilfe beim Bau der Götterburg Asgard. Er kann ihnen aber ebenso in den Rücken fallen. Das macht Loki bei den Asen nicht gerade beliebt.

Einmal fliegt der Gott aus purer Neugier im Falkengewand der Freyja zum Riesen Geirröd. Dieser fängt ihn und hält ihn drei Monate gefangen, ehe Loki sich zu erkennen gibt. Geirröd verlangt von ihm, Thor nach Geirrödsgard zu bringen, und zwar ohne den Hammer Miölnir und den Kraftgürtel. Loki bringt sich und Thor in große Gefahr und nur durch die freundliche Hilfe der Riesin Grid gelingt die Überwindung des Geirröd und seiner Töchter Gjalp und Greip.

Zu weit geht er, als er den jungen und blinden Hödur dazu anleitet, mit einem vergifteten Mistelzweig auf Baldur zu schießen. Die Götter sind erbost und schmieden ihn an einen Felsen. Während der Götterdämmerung kann sich der Gott des Bösen dann allerdings befreien und führt im Kampf die bösen Mächte an.

Verheiratet ist Loki mit der Göttin Sigyn. Doch mit der Treue nimmt es der listige Gott nicht so genau. Mit seiner Geliebten, der Riesin Angurboda, zeugt er die Ungeheuer Fenriswolf, die Todesgöttin Hel und die Midgardschlange. Als Stute bringt Loki den Hengst Sleipnir, das Reittier Odins, auf die Welt.

## Vali – Gott der Natur

Der **Natur-** und **Frühlingsgott** ist ein Sohn des Allvaters Odin und der Erdgöttin Rinda. Vali (Wali) gilt als kühner Kämpfer und großartiger Bogenschütze, der – nur eine einzige Nacht alt – die Ermordung seines Halbbruders Baldur rächt, indem er seinen anderen Halbbruder, den blinden Hödur, tötet. Danach ist Vali ein ausgewachsener Mann.

In ihm wird häufig auch der **Rachegott** gesehen. Gewöhnlich wird Vali mit einem Bogen dargestellt. Er verkörpert die unsterbliche Kraft der Natur.

### Vidar – Gott des Waldes

Als besonders schweigsam gilt der **Naturgott**, ein Sohn von Odin und der Riesin Grird. Seine friedliche Wohnung ist ein grüner, von Büschen und hohem Gras bewachsener Raum. Vidar (Widar) spricht nicht allzu oft und lebt sehr zurückgezogen.

Ihm schreibt man eine großartige Kraft zu, seine Markenzeichen sind sein **Schwert** und stabile **Schuhe**, die aus Eisen bestehen sollen.

Nach den Verheerungen der Götterdämmerung wird Vidar zusammen mit seinem Halbbruder Vali in der neuen friedlichen Welt herrschen.

### Lofn – Göttin der Liebe

Die Göttin der **Liebe** und **Ehe** bringt mit Leidenschaft füreinander bestimmte Menschen zusammen. Dabei schafft sie es, selbst die größten Schwierigkeiten und Widerstände zu überwinden. Sie soll diese Begabung von Freyja erhalten haben. Man nennt sie auch die Tröstende.

> **? Schon gewusst?**
>
> Eine sehr ähnliche Figur wie den Gott des Bösen und des Feuers besitzt auch das Christentum. Diese übernehmen die Eigenschaften von Loki und setzen ihn später mit Luzifer gleich.

### Ve und Vili – Feuergott und Wassergott

Sie sind die Brüder Odins (auch Lodur, Hönir) und sollen mit diesem gemeinsam das erste Menschenpaar Askr und Embla geschaffen haben. Odin hatte den beiden Leben eingehaucht, Ve ihnen das Gehör, das blühende Aussehen und die Sprache gegeben und Vili sie mit Verstand und Gefühl ausgestattet.

Ve ist **Feuergott**, Gott der **Fruchtbarkeit** und Schutzgott aller menschlichen Gemeinschaften. Vili ist **Meer-** und **Wassergott**, **Wolkengott** und Herr der **Schwäne**.

Als Odin einmal längere Zeit unterwegs ist, nehmen die beiden Götter die wunderschöne Freyja zu ihrer Frau. Doch als der Allvater zurückkommt, ist es mit der Freude schnell vorbei.

### Eir – Göttin der Medizin

Die Aufgabe der **Heilgöttin** ist es, jede Krankheit, von der die Götterkönigin Freyja befallen ist, sofort zu heilen. Auf der Erde unterweist Eir sterbliche Frauen in der Heilkunst. Sie zeigt ihnen, welche Kräuter zum Heilen geeignet sind und wie man Wunden am besten versorgt. Wer ihr im Sommer ein Opfer bringt, soll das ganze Jahr über gesund von von schweren Krankeiten verschont bleiben.

## Magni – der Starke

Der Sohn von Thor und der Riesin Jarnsaxa strotzt nur so vor Stärke. Schon als wenige Tage alter Säugling soll er das Bein des Riesen Hrungrir, das über seinem verletzten Vater lag, hochgehoben haben. Zum Dank bekommt er später das prächtige Pferd des Riesen.

Gemeinsam mit seinem Bruder Modi (der Mutige) wird Magni den Hammer Miölnir von seinem Vater erben, wenn nach der Götterdämmerung die neue Welt anbricht.

## Fulla – Göttin des Ackerbaus

Fulla (Volla) gilt als jungfräuliche Spenderin von **Segen** und **Reichtum** und Göttin des **Ackerbaus**. Ihr langes blondes Haar ist Zeichen für die Schönheit und Fülle von reifem Korn. Sie trägt ein Band in ihrem Haar, das die Korngarbe symbolisiert.

Fulla gehört zum Gefolge der Göttin Freyja. Sie bewacht deren Schatztruhe und ist für ihre Fußbekleidung zuständig.

## Hermod – der Götterbote

Hermod (Hermodt, Hermodur), der **Götterbote**, ist der Sohn von Freyja und Odin, Bruder von Baldur und Hödur. Mit dem Dichter Bragi begrüßt er die in Walhall ankommenden Einheriar, als dessen Führer er auch gilt.

Als Bote Freyjas reitet er auf Odins Pferd, dem achtbeinigen Sleipnir in das Totenreich der Hel, um diese zur Herausgabe des ermordeten Baldur zu bewegen (Hermods Helritt). Sein Bemühen bleibt aber erfolglos, denn Hel will Baldur erst gehen lassen, wenn alle um ihn geweint haben.

## Mimir – der Weise

Der Riese hütet die Quelle Mimisbrunnr an der Wurzel der Weltesche Yggdrasil. Er wird von den Asen wegen seiner Weisheit hoch geschätzt. Jeden Morgen trinkt Mimir aus seinem Horn das Wasser des Brunnens, das Quelle von Weisheit und Erkenntnis ist.

Nachdem Odin durch sein neuntägiges Hängen am Baum Yggdrasil die Runen erworben hat, besucht er Mimir. Im Tausch gegen eines seiner Augen, das seitdem auf dem Wasser von Mimirs Brunnen schwimmt, erhält der Gott vom Riesen die Weisheit, diese Runen zu deuten. Nach Beendigung des Asen-Vanen-Krieges begibt sich Mimir als Geisel zu den Vanen. Sie enthaupten ihn und schicken seinen Kopf zurück an die Asen. Odin verzaubert das Haupt, schützt es vor Verwesung und erhält ihm so die Sprache.

## Die Vanen

Die tief in der Erde und im Meer lebenden Vanengötter sind bäuerliche Gegenspieler der eher kriegerisch agierenden Asen. Sie zeichnen sich durch Güte und Milde aus und sind bei den Menschen deshalb sehr beliebt. Die Vanen Njörd, Freyja und Frey leben als Geiseln bei den Asen.

### Nerthus – die Erdgöttin

Als germanische **Erd-** und **Fruchtbarkeitsgöttin** ist Nerthus gleichzeitig Schwester und Ehefrau von Njörd und Mutter des Göttergeschlechts der Vanen. Der römische Geschichtsschreiber Tacitus erwähnt sie als Fruchtbarkeitsgöttin in seiner *Germania*: „Sieben Völker Norddeutschlands (...) hatten ein gemeinsames Stammesheiligtum der Göttin Nerthus auf einer Insel des Ozeans (Nerthusbund). Sie glaubten, dass die Göttin in das Leben der Menschen eingreife und ihre Verehrer besuchte. Von einem heiligen Haine aus, in dem ihr geweihter, mit einer Decke verhüllter und Blumen geschmückter Wagen stand, zog sie im Frühjahr auf dem von Kühen gezogenen Wagen durch das Land. Nur ein einziger Priester durfte sie auf dieser Reise begleiten. Friede und Ruhe herrschten dann, und festlich geschmückt waren die Stätten, die sie ihres gastliches Besuches würdigte. Niemand zog dann in den Krieg oder griff zu den Waffen, alle Waffen waren verschlossen. Nach dem Fest fand eine Waschung der Gottheit in einem verborgenen See statt, in dem die Teilnehmer an der Kulthandlung versenkt wurden.“

### Gullveig – Göttin des Goldes

Die **Seherin**, weise Frau und **Zauberin** versteht sich auf die Zauberei Seidr, außerdem ist sie Hüterin der Schätze. Gullveig (die Goldreiche) begibt sich eines Tages aus unbekannten Gründen zu den Asen. Diese erliegen ihrer

**! Die Bedeutung der Erdgöttin**

Drei Bestandteile des Kultes treten bei Tacitus offen zutage: die Reisen der Göttin auf einem Wagen, die Freude und der Jubel an allen Orten und der absolute Friede, der herrscht, solange sie sich an einem Ort aufhält. Das Heiligtum der Göttin und den Kult vermutet man auf der Insel Rügen.

Goldgier und fordern die Göttin auf, den Ursprung ihres Reichtums offen zu legen. Als sie sich weigert, ihr Geheimnis preiszugeben, wird sie erst gefoltert und dann verbrannt. Aus der Asche steht sie jedoch wieder auf und wird von den Asen weggejagt. Die Folge ist Krieg zwischen Asen und Vanen und damit Krieg in der Welt.

### Kvasir – der Weise

Nachdem Asen und Vanen ihren fürchterlichen Krieg beendet haben, entsteht der göttliche Zwerg. Bei der Versöhnungsfeier bildet sich Kvasir in einem Kessel, in dem die Götter ihren Speichel vermischten.

Kvasir wandert durch die Welt und jeder, der ihn trifft, möchte von seiner Weisheit profitieren. Begierig nach seinem großen Wissensschatz töten ihn schließlich die Zwerge Fjalar und Galar. Sie mischen sein Blut mit Honig und brauen daraus den Met Odrörir. Jeder, der davon trinkt, wird ein Weiser oder Dichter.

### Gefion – Göttin der Jungfräulichkeit

Die göttliche Riesin beschützt alle Jungfrauen und nimmt sie nach dem Tod bei sich in Lejre auf. Sie gilt zugleich als Göttin des **Glücks**, der **Fruchtbarkeit**, des **Ackerbaus** und als **Segensspenderin**. Verheiratet ist die als weise geltende Göttin mit Skjöldr, mit dem sie vier Riesensöhne hat.

Als die Asen auf Landsuche nach Norden ziehen, eilt ihnen Gefion voraus und gelangt in das Reich des Königs Gylfi. Als Bettlerin verkleidet erfreut sie den König mit ihrem Gesang. Der verspricht ihr dafür so viel Land, wie sie in einer Nacht pflügen kann. Gesagt, getan: Mithilfe ihrer vier Riesensöhne, die sie kurzerhand in Ochsen verwandelt, pflügt sie die gesamte Insel Seeland um.

## Weitere Götter

Einige Gottheiten lassen sich weder dem einen noch dem anderen Göttergeschlecht richtig zuordnen. Dazu gehören u. a.:

### Ostara – Göttin der Morgenröte und des Frühlings

Ostara (Osteria) gilt in der germanischen Mythologie als Göttin der **Fruchtbarkeit** und der **Morgenröte** sowie als **Sonnen-** und **Frühlingsgöttin**, die nach dem langen dunklen Winter die Auferstehung der Natur versinnbildlicht.

Die Tochter von Odin und Freyja kämpft gegen die Eisriesen des Winters und besiegt sie, sodass Thor gemeinsam mit Ostara den

Einzug des Frühlings feiern kann. Lieblingstier und Begleiter der Ostara ist der für seine Fruchtbarkeit bekannte **Hase**.

## Ran – Göttin des Meeres

Die Ehefrau und Schwester des düsteren Meeresriesen Aegir und Mutter der neun Aegirstöchter (sie gelten als Personifikation der Meereswellen) ist halb Mensch und halb Fisch. In ihr Reich gelangen die Ertrunkenen, die sie mit ihrem Netz aus den Fluten fischt. Die anderen Toten geraten in das Totenreich der Hel. Im Meerespalast werden die Toten in Gold leuchtenden Korallenhöhlen mit Met und Essen in Hülle und Fülle verwöhnt. Manchmal raubt Ran ahnungslose Seeleute von Bord ihrer Schiffe und zieht sie auf den Meeresgrund.

## Rinda – Göttin der Erde und Fruchtbarkeit

Die **Erdgottheit** Rinda ist eine der Ehefrauen des Odin (erst nach langem Werben gelang es dem Allvater, die Göttin für sich zu gewinnen) und mit ihm die Mutter des Vali, der den Tod Baldurs rächt.

## Sol – Göttin der Sonne

Als **Sonnengöttin** fährt Sol in ihrem von den Pferden Alsvidr und Arvakr gezogenen Sonnenwagen über den Himmel. Dorthin wurde sie wegen des Übermuts ihres Vaters von den Asen versetzt. Beständig verfolgt wird sie dabei von dem Wolf Sköll. Zur Götterdämmerung wird er die Göttin einholen und verschlingen. Aber bevor sie vom Wolf verschlungen wird, bringt sie noch eine Tochter zur Welt, die in der neuen Welt den Wagen ihrer Mutter wieder über den Himmel ziehen wird.

## Thrudr – Göttin der Erde

Thrudr, die Tochter von Thor und Sif, ist dem Zwerg Alvis versprochen. Doch Thor ist darüber sehr unglücklich. Er verwickelt den Nachtzwerg in ein unverfängliches Gespräch. Als dieser vom ersten Sonnenstrahl des Morgens getroffen wird, verwandelt er sich in einen Stein.

## Mani – Gott des Mondes

Mani ist der Sohn von Mundilföri und Bruder der Sonnengöttin Sol. Er lenkt seinen von Pferden gezogenen Wagen über den Himmel. Dabei verfolgt ihn der Wolf Hati. Zur Götterdämmerung wird Hati den **Sonnengott** einholen und verschlingen. Bis dahin sind die zwei Kinder des Wildfinn, Bil („die abnehmende") und Hjuki („der zunehmende") Manis Begleiter, zusammen bilden sie die drei Mondphasen.

### Urdr, Verdandi und Skuld – Göttinnen des Schicksals

Urdr ist die älteste der drei Nornen (Schicksalsgöttinnen) und repräsentiert die **Vergangenheit**. Ihre Schwestern sind Verdandi und Skuld. Sie leben an der Quelle Urdarborn neben der Weltesche. Aus dem Schicksalsbrunnen zieht die Weltesche Yggdrasil ihre Kraft. Hier versammeln sich täglich die Asen, halten Rat und ziehen Schlüsse aus der Vergangenheit. Urdr, auf deren Weiher zwei Schwäne ihre Bahnen ziehen, sagt Odin voraus, dass er in der Götterdämmerung durch den Fenriswolf umkommen werde.

Verdandi (Werdandi) repräsentiert die **Gegenwart**, während Skuld, die jüngste der drei Schicksalsgöttinnen, für die **Zukunft** steht. Skuld streift gern durch die Wälder, wird von den Menschen eingeladen und um Weissagung gebeten. Auf dem Schemel Seidhjallr sitzend lässt sie diese an ihrem Zauber Seidr teilhaben.

## Allerlei Geister

In der Welt der gemanischen Völker leben nicht nur Götter. In der Vorstellung der Menschen ist die Welt zusätzlich von einer bunten Schar anderer Wesen bevölkert. Wesen, die sich meist nur in besonderen Situationen des Lebens zeigen und offenbaren. In der näheren Umgebung der Menschen, in Häusern und Gärten, Wiesen und Feldern, Hainen und Sümpfen hausen **Elfen**, **Kobolde** und **Zwerge**, in den Wolken, Eisbergen, Gletschern und Gebirgen wohnen die **Riesen**. In den klaren Bächen und Seen wimmelt es nur so von **Wassergeistern**, **Nixen** und **Nöcken**. Das Heim bewachen Hausgeister, die meist gutmütig und hilfsbereit sind und für ihre Dienste Nahrungsmittel erhalten. Zahlreiche Landwichte fördern das Wachstum auf den Feldern, solange sie sich in der Nähe der Menschen wohl fühlen. Ziehen sie missmutig fort, sind Missernten die Folge.

Alle diese kleinen und großen Wesen und wohl noch unzählige mehr sind in den Alltag der Menschen eingebunden. Sie spielen im Volksglauben wegen ihres greifbaren Nutzens eine sehr viel größere Rolle als die göttlichen Asen und Vanen.

### Kobolde

Kobolde sind lustige Hausgeister. Viele Märchen erinnern an die Häufigkeit ihres Auftretens. In Aussehen und Tracht gleichen sie den Zwergen. Sie wohnen in den Ställen oder Scheunen der Menschen und verrichten Hausgeschäfte, bleiben aber unsichtbar. Sie sind sehr fleißig, erwarten aber ihre Belohnung in Form einer Schüssel Milch an einer bestimmten Stelle. Vergisst man diese Gabe, so verlassen die Kobolde das Haus und verbreiten Pech und Unglück. Kobolde verlassen ein Haus übrigens nur freiwillig, sind also durch nichts und niemanden zu verjagen.

## Nixen und Elfen

Im Wasser waren immer schon Geisterwesen beheimatet. Sie sind teils menschen-, teils tierähnlich. In Seen und Flüssen leben meist die Elfen, während auf den Meeren mit seinen Urgewalten oft die Riesen als Wassergeister angesiedelt sind. Die weibliche Nixe ist wunderschön, sie sitzt in der Sonne und kämmt ihr langes goldenes Haar. Dass ihr Leib in einem fischartigen Schwanz endet, ist kein deutscher Glaube, sondern eher die Überlieferung von Seeleuten, die häufig Robben oder Seekühe für diese Geisterwesen hielten. Nixen haben schöne Stimmen und singen deshalb gerne und oft, trotzdem fordern sie bisweilen blutige Opfer: Wer im Wasser zu ertrinken droht, spürt, wie weiche Hände nach ihm greifen, um ihn nach unten zu ziehen. Schöne Jünglinge holen sie gern zu sich ins Wasser, um sie zu ihren Geliebten zu machen. Die männlichen Nixen werden Nix, Neck oder Nöck genannt. Im Gegensatz zu den schönen Nixen sind sie eher alt, hässlich und langbärtig. Das hält sie allerdings nicht davon ab, es ihren weiblichen Pendants gleich zu tun und ab und zu eine weibliche Schönheit ins Wasser zu ziehen.

## Wald- und Feldgeister

Die Wälder und Felder sind Wohnstätten vieler Geister, der Waldunholdin, der Waldleute, Moosleute, Holzleute und Schrate. Je nach Natur des Waldes hausen in ihm mehr zwergenhafte oder riesenhafte Wesen. Den Waldgeistern wird Einfluss auf die Verbreitung von Krankheiten und Seuchen zugeschrieben. In Gestalt von Würmern oder Ungeziefer kriechen die schädigenden Geister in die Körper der Menschen. Um sie wieder loszuwerden, verwünscht man sie in den tiefen Wald zurück. Die Waldgeister wissen aber auch um geheime Heilkräfte, welche sie zuweilen den Menschen mitteilen.

## Drachen

Der gewaltige Giftwurm erscheint in der Volkssage unter dem Eindruck von Naturereignissen; aus Wasser, Nebel, Wolken, Meteorfeuer, Steinschlägen und Vulkantätigkeiten lässt sich die Herkunft des Drachen erahnen. Die Drachen liegen auf einem Hort aus Gold und Edelsteinen und schädigen bei ihren Streifzügen Land und Leute. Eine beliebte Beschäf-

## Schon gewusst?

Die Eigenarten der Unholdin bzw. Dämonin wurden vom Christentum weitgehend zur Kennzeichnung der Hexen übernommen.

tigung der alten Helden war die Bekämpfung dieser Drachen und die Hebung ihres Schatzes. Es gibt viele, bis ins Mittelalter reichende Geschichten über Drachen und deren Bekämpfung. Neben den Naturgewalten sind aber auch menschliche Wesenszüge wie Missgunst, Neid, Raffgier und Geiz den Drachen zuzuschreiben. Fafnir wurde, nachdem er Regin getötet und das Rheingold an sich gerissen hatte, zum Drachen und Bewacher des Hortes. Als dieser wurde er schließlich von Siegfried überlistet und getötet.

## Hexen und Zauberinnen

Im Althochdeutschen begegnet einem oft die **Unholdin**, was so viel wie Teufelin, Hexe, Zauberin bedeutet. Das feindselige Waldweib lebt im Holz; da in der nordischen Sprache unholde Geister **Troll** genannt werden, entstand auch die Bezeichnung Trollfrau.

## Werwölfe

Der Werwolfglaube ist seit alters her bei den germanischen Völkern verbreitet. Er beruht auf den allgemeinen Vorstellungen der vielgestaltigen Seelen. Werwolf bedeutet Mannwolf, die nordische Sprache gebraucht dafür Vargulf oder Varulf. Zu den Werwölfen scheinen ursprünglich auch die Berserker der nordischen Sagen gehört zu haben. Berserker sind Menschen, die zu plötzlichen Wutanfällen neigen. In diesem Zu-

*Troll*

stand gebärden sie sich wie wilde Tiere, werden übernatürlich stark und sind durch Feuer und Eisen nicht verwundbar. Dabei verschonen sie nichts, was ihnen in den Weg kommt.

## Gewaltige Riesen

Riesen verkörpern die rohen Elementargewalten, das **Ungestüme**, **Finstere** und **Feindselige** in der Natur. Meist sind sie bösartig, trachten nach Zerstörung, bedrohen die Welt und sind die Feinde der Götter und Menschen.

In der germanischen Mythologie gibt es eine Reihe von Riesengestalten, z. B. Feuer-, Eis-, Reif-, Wasser- und Steinriesen. Sie leben in den großen nördlichen Eismassen, in Stürmen und Unwetter, in Bergen und im Meer. Aufgrund ihrer Grobschlächtigkeit ist auch ihr Verhältnis zu den Menschen nicht ungetrübt. Der tiefe Gegensatz zwischen Asen und Vanen auf der einen und Riesen auf der anderen Seite hält bis zur Götterdämmerung an.

### Gerda

Die wunderschöne Riesin ist die Frau des Fruchtbarkeitsgottes Frey. Anfangs ist sie strikt gegen die Heirat, doch als Skirnir ihr droht, sie mit einem Fluch zu belegen, der sie rasch altern lassen würde, willigt sie schließlich ein.

### Surt

Der **Feuerriese** entfacht bei der Götterdämmerung den Weltbrand und bringt die Regenbogenbrücke zum Einstürzen. Götter, Riesen, Monster, Zwerge, Elfen, Tiere und Menschen werden in dieser Glut umkommen.

### Bergelmir

Als Odin, Ve und Vili den Ur-Riesen Ymir töten, ertrinken alle Reifriesen (für den Raureif zuständig) in seinem Blut. Bergelmir und seine Frau können sich retten und das Geschlecht der Riesen am Leben erhalten. Sie leben in Utgard.

### Skrymir

Der **Eisriese** Skrymir beherbergt Thor, Loki und Thialfi auf ihrer Fahrt nach Utgard. Er ist so gewaltig, dass die drei im Daumenfach seines Handschuhs schlafen können.

### Thrym

Thrym raubt den Hammer Thors, um ihn dann gegen die Göttin Freyja einzutauschen. Doch der **Eisriese** wird von Thor überlistet, der sich als Braut verkleidet. Als der Gott den Hammer wieder in den Händen hält, erschlägt er Thrym.

### Vafthrudnir

Ein besonders weiser Vertreter der **Eisriesen** ist Vafthrudnir, weil er viele Tote befragt hat. Um an dieses Wissen zu gelangen, war er selbst sogar eine Zeit lang tot. Der sechsköpfige Urzeitriese gilt als Stammvater der Frost- und Reifriesen (Hrimthursen).

## Ymir

Der Ur-Riese der nordischen Schöpfungsgeschichte entstammt dem ewigen Eis von Ginnungagap. Surt, der Feuerriese und das allererste Lebewesen, schleudert mit seinem Flammenschwert Feuer ins Eis, das Eis schmilzt und die Tröpfchen bilden den gewaltigen Ymir. Odin und seine Brüder ermorden den bösartigen Riesen und schaffen aus seinem Leichnam die Welt.

## Gunnlöd

Die Tochter des Riesen Suttung bewacht in einem Berg drei Kessel mit dem so genannten **Skaldenmet**. Der kostbare Saft verleiht jedem, der davon trinkt, die Gabe zu singen und zu dichten. Odin, der Allvater, versucht die Riesin zu überlisten, um an den Met zu kommen. Er verwandelt sich in einen Riesen. Gunnlöd verliebt sich in ihn und lässt Odin von dem Met kosten. Dieser trinkt bei jedem seiner drei Besuche einen ganzen Kessel leer, verwandelt sich dann in einen Adler, fliegt zurück nach Asgard und lässt die anderen Götter an dem Trank teilhaben.

## Geirröd

Der Riese und seine zwei Töchter Gjalp und Greip zählen in der germanischen Mythologie zu den gefährlichsten Gegnern des Gottes Thor. Von Loki in einen Hinterhalt gelockt muss Thor ohne seinen Hammer gegen die Töchter und Geirröd kämpfen. Doch zum Glück wird er zuvor von der Riesin Grid mit magischen Kräften ausgerüstet. So überwältigt er Geirrod und seine Töchter.

## Hrungnir

Mit seinem steinernen Schild gilt er als der stärkste und gefürchtetste der **Reifriesen**. Sein Kopf und sein Herz sind aus Stein. Der Sage nach sollen Hrungnir und Odin einmal in Streit geraten sein, wer von ihnen das schnellste Pferd besitzt. Odin gewinnt das Wettrennen zwar auf seinem achtbeinigen Pferd Sleipnir, doch der Hengst des Riesenkönigs Hrungnir ist nicht zu bremsen, sodass er nach Asgard stürmt. Hrungnir nimmt an einem Festschmaus der Asen teil. Die zunächst fröhliche Stimmung beim Gastmahl schlägt um, als der betrunkene Riese damit droht, Freyja und Sif zu entführen und alle Asen zu töten. Es folgt ein Zweikampf mit Thor, bei dem Thor den Riesen tötet.

## Thrudgelmir

Ein sechsköpfiger **Wasserriese**, der als der erste Reifriese gilt. Der

Ur-Riese Ymir schläft, von Audhumlas Milch gesättigt, und bemerkt nicht, dass neben ihm eine Flamme von Surts Schwert einschlägt. Diese ist so heiß, dass Ymir anfing zu schwitzen. Aus seinem Schweiß entsteht Thrudgelmir. Nach anderen Überlieferungen soll Ymir ihn durch die Paarung seiner Füße gezeugt haben.

## Zwerge

Sie hausen hauptsächlich im Gebirge, oft werden sie als die Unterirdischen bezeichnet, weitere Bezeichnungen sind Bergmännlein, Erdmännchen, Bergschmiede, Wichtel. Zwerge sind fast immer missgestaltet, dickköpfig, alt, graubärtig, von bleicher Gesichtsfarbe und unscheinbar gekleidet. Nur die Könige tragen prächtige Ausstattungen. Zwerge verwandeln sich beim ersten Sonnenstrahl des Tages zu Stein und sind deshalb nur nachts unterwegs. Sie bauen Edelsteine und Erze ab und verarbeiten sie zu Schmuck. Als Waffenschmiede sind sie sehr geschickt. Sie necken gern einmal die Bergarbeiter, wenn sie Lust dazu haben. Viele der in der Mythologie erwähnten Waffen und Wagen wurden von Zwergen hergestellt.

*Nibelungenlied: Hagen ersticht Siegfried*

Der Sage nach erschaffen Odin und seine Brüder die Zwerge aus den Maden, die aus dem Leichnam des Riesen Ymir krabbeln. Es gibt schöne, gute (Lichtelben) und hässliche, bösartige (Schwarzelben) Zwerge. Man sieht sie nur selten, denn sie besitzen Tarnkappen, mit denen sie sich unsichtbar machen können. Zwerge gelten als gute Handwerker, manche von ihnen sind weise.

### Alvis

Alvis wird von Odin überlistet. Als Bezahlung für die von Alvis geschmiedeten Waffen versprechen die Götter ihm Thors Tochter Thrudr zur Frau. Thor ist darüber nicht gerade erfreut und unterzieht den Zwerg einem Wissenstest, um die Heirat zu verhindern. Thor befragt ihn bis zum Sonnenaufgang. Mit dem ersten Sonnenstrahl verwandelt sich Alvis in einen Stein und kann die gestellte Frage so nicht mehr beantworten.

### Andvari

Loki fängt den reichsten aller Zwerge, der in einem Wasserfall lebt, und zwingt ihn, seinen Goldschatz herauszugeben. Auch ein magischer Ring, mit dem man Gold erzeugen kann, gehört dazu. Der Zwerg belegt den Ring mit einem Fluch, der jeden Träger ins Verderben stürzen soll. Dieser Ring wird später für viele Verwicklungen verantwortlich gemacht. Über Fafnir und Sigurd wird der Ring Teil der Nibelungensage.

### Fafnir

Wie sein Vater fällt auch Fafnir dem Fluch des Ringes von Andvari zum Opfer. Fafnir erschlägt seinen Vater und flieht mit dem Goldschatz. Schließlich verwandelt er sich in einen Drachen. Jahre später kann der Held Sigurd (Nibelungensage) den Drachen Fafnir töten und den verfluchten Ring an sich nehmen.

### Ivaldi

Der Zwerg und Vater der Idun ist ein berühmter Schmied. Er fertigt Odins Speer und das Goldhaar von Sif.

### Alfrigg

Er gilt als einer der vier Schmiede von Freyjas Halsband. Um diesen kostbaren Schmuck zu bekommen, muss die Göttin und Ehefrau Odins mit ihm und den Zwergen Berlingr, Dvalinn und Grerr je eine Nacht verbringen.

**? Schon gewusst?**

Das Christentum übernahm die Termine der heidnischen Feste, gab ihnen jedoch eine andere Bedeutung: Aus Jul wurde Weihnachten, das Frühsommerfest fiel auf den Ostertermin, Pfingsten wurde aus dem Frühlingsthing geboren und das Herbstthing fand an Allerheiligen statt.

### Nordi, Austri, Sudri und Vestri

Die vier Zwerge repräsentieren die vier **Himmelsrichtungen**. Ein jeder von ihnen soll an einem Ende der Welt jene Schädeldecke des Ymir tragen, aus der die Asen einst das Gewölbe des Himmels erbauten.

## Feste

Das Leben der Menschen ist eng mit den Abläufen in der Natur verbunden. So verwundert es nicht, dass die **Sonnenwenden** sowie Tag-und-Nacht-Gleichen wichtige Feste im germanischen Kalender sind, zeigt sich doch hier am eindrucksvollsten das Wechselspiel von Werden und Vergehen. Zum Winter- und Sommeranfang sind größere Festivitäten üblich. Von überall her kommen die Menschen zum **Herbst-** und **Frühlingsthing**, um Opfer darzubringen, die Götter zu ehren, Gericht zu halten, sich zu vergnügen und im Kampf zu messen. Das Thing, die regelmäßig stattfindende Stammesversammlung, war ein heiliger Akt, bei dem auch die Götter befragt wurden. **Jul**, das große Fest im Mitwinter, fällt zwischen Dezember und Januar. In den zwölf Nächten (zwischen Heiligabend und Dreikönig) passieren seltsame Dinge: Die Geister sind aktiv und das wütende Heer zieht um. Deshalb will man in diesen Tagen die Götter versöhnen, indem man ihnen zahlreiche Opfer anbietet. Das vierte große Fest des Jahres zu Ehren der Göttin **Ostara** findet im schließlich Frühsommer statt.

## Register